非暴力沟通
组织应用篇

The Empathy Factor

[美] 宫代玛莉 (Marie R. Miyashiro) 著

李夏 译　李迪 审核

目 录

献　词 ··· 1
序　言 ··· 2

第一部分　了解同理心和基于需要的觉察

第一章　关于第三维度和整合式清晰架构 ······················ 3
第二章　利用人性的元素 ·· 22
第三章　非暴力沟通的基本原则 ···································· 44
第四章　将基于需要的意识融入职场 ······························ 90

第二部分　化同理心为行动

第五章　如何提升自我效能 ··· 141
第六章　如何提升人际效能 ··· 154
第七章　如何提升团队和组织的工作效能 ······················ 182
第八章　基于需要的决策制定工具 ······························· 200

第三部分　转化我们的职场

第九章　治愈职场中的愤怒、内疚、恐惧和羞愧 ············ 213
第十章　和难以连接的人建立连接 ······························· 226
第十一章　对未来职场的影响 ····································· 235

附录 1	职场感受列表	……………………………………	244
附录 2	职场需要列表	……………………………………	246
附录 3	整合式清晰架构四步骤	……………………………	248
附录 4	整合式清晰架构中六种组织的共通需要	………	249
附录 5	10 分钟清晰组织需要评估表	……………………	250

致　谢……………………………………………………………… 255

对本书做出贡献的人……………………………………………… 259

献　词

献给我的父母奇科和佛朗西斯，他们从我出生起，就一直在满足我对爱与安定感的需要。

献给我的姐姐劳拉，她总是支持和鼓励我；同时也献给我的姐夫鲍勃，他向来充满智慧和幽默感。

献给我的奶奶凯姆，她言传身教，让我了解如何生活在两个真实的世界——一个看得到，另一个看不到。

献给史黛西，她让我知道如何重新去信任和爱。

献给我的狗松饼，它让我知道狗也能给予和接纳同理心。

献给我儿子艾利克斯，他教会了我什么是家庭，什么是爱，什么是乐趣。

献给马歇尔，他把非暴力沟通这一爱的语言作为礼物送给我们。

献给我的客户们，他们教会了我一切。

序 言

多年以来，我一直认为职场效能还有更大的提升空间，人们的工作有更深远的意义。我还是一名记者时便开始研究商业领域，跟踪报道新老公司的打拼历程。后来我成为风险投资人，协助开发了若干成功的新企业，创办了两家备受推崇的公司，并最终加入摩根大通的私募股权部门——摩根大通投资基金。因此，那时我经常担任100多家企业的董事，它们有的是营利型公司，有的是非营利性组织。我看到过伟大的公司在诞生后非常成功地茁壮成长，也看到过有些大公司摇摇欲坠、错失良机。我见证过小型的非营利性组织在创立后苦苦挣扎，有些成功了，很多都失败了。作为过来人，我认为这些组织以及每一位有着远大抱负、想要创造持久、永恒价值的人都可以从这本书中受益。

近年来，我开始为团队和个人提供教练服务。当我的客户体验宫代在书中提到的"同理连接"时，我亲眼看到同理心所发挥的变革性力量。宫代在书中提倡用三维的"连接—思考—行动"取代目前职场上盛行的二维的"思考—行动"文化。她在书中强调：在我们工作之前，先要与他人进行充分的人性上的连接。

这是一本走在时代前沿的著作。作者指出，越来越多的研究证实，同理心是一项核心的商业竞争力。最重要的是，书中详细说明了将同理心当作一种职场技能来培养和实践的方式——非暴力沟通。非暴力沟通经过验证，可重复操作，是目前世界上人们实践同理心最广泛的方式之一。除了这种广泛应用的人际沟通方式，宫代还提出了应用于团队和组织层面的整合式清晰架构，让个人、团队和组织作为统一的整体相互合作。

她在书中写道：

我们的职场是二维的。因为要做到同理连接，我们需要掌握并轻松驾驭两个人类特质，在我们身处的世界中，它们被系统化地低估，甚至被曲解了。人们带着同样的认识组建组织，这种世界各处都有的状况在我们的职场中被简单复制。

这两个被人们误解的特质是：

1. 熟练地觉察自己的感受而不加以评判的能力；
2. 将这些感受与相关的正在被满足或未得到满足的人类需要相连接的能力。

宫代提出了许多令人信服的观点，让人们更广泛地觉察与应用非暴力沟通的核心技能。她提出非暴力沟通不仅可以应用于暴力明显的情境，也可以用于存在隐蔽暴力的地方。

本书呼吁人们停止以追求利润和效率的名义，不断地对自身施加不易觉察的可怕暴力。它呼吁我们采取行动，也向我们证明：建立更富有同情心和具有同理心的职场，恰恰是获得更高生产力和更大利润的精准途径。

本书本质上是不折不扣的商业书籍，但是阅读起来却充满乐趣。乍看之下，它或许没有非常浓厚的学术气息，但事实却并非如此。本书风格通俗易懂，不仅列举了很多世界上的真实案例，还建立在作者宫代28年来为营利性和非营利性组织提供的各种咨询、调研和指导的经验，以及她广泛的研究和详尽分析的基础之上。

我很荣幸为本书作序。本书的理念非常精彩，它的基本前提是同理心可以显著提升工作效能并支持人们的合作，这非常鼓舞人心。我很喜欢书中涉及的研究资料，更让我激动的是，我每天在与客户的工作中都可以将书中的理念付诸实践。

宫代向我们展示了在建立组织的过程中，当今的管理者是如何把同理心作为助其成功的核心驱动力的。阅读本书后，读者不仅会理解"连接—思考—行动"的力量，还会理解更强大的"连接—思考—领导"的威力。

富拉提朗合伙公司联合创始人以及前合伙人
摩根大通合伙人
杰瑞·科隆纳

（杰瑞·科隆纳与福瑞德·威尔逊合伙创办了富拉提朗合伙公司，该公司的成立是美国早期最成功的投资项目之一。他还成为摩根大通公司私募基金部门——摩根大通投资基金的合伙人，现任多家营利性与非营利性组织的董事、受托人或顾问。此外，他被《上面》（*Upside*）杂志评选为"新经济时代100位最具影响力人物"之一，被《福布斯》（*Forbes*）杂志评为"美国最佳风险投资家"之一，被《价值》（*Worth*）杂志评选为"25位最慷慨的美国年轻人"之一。）

第一部分

了解同理心和基于需要的觉察

第一章

关于第三维度和整合式清晰架构

贪婪退去，同理开始。
——佛朗西·戴威尔
(《同理心时代：大自然对幼稚社会的教训》)

随着人类的进化，我们需要不断扩展视野，深入认识自己和周围的世界。这为我们的职场以及我们在工作中与他人的交往方式带来了巨大的变化。但是，有时候我们却不太容易理解人类进化中的下一个维度。

本书将介绍一种把同理心纳入职场的方式，创造一个新的维度，促进个人和组织的和谐，使个人和组织的工作更高效成功。2004年秋季，我在亚利桑那大学艺术学院的开学典礼上做了一场主题演讲，提到了这种新的范式，讲了以下这个关于"平面国和空间国"的故事。演讲结束后，该学院聘请我为其管理层和员工实施一个为期13个月的战略计划和对话项目。他们将通过项目的实施了解一个新的维度，一个你将会经历的维度。如果你把在书中读到的付诸行动，其他员工、经理和企业管理者也将会了解这个维度。

从平面国到空间国

在开学典礼的前一天，莫里斯·赛维尼院长问我打算讲些什么内容。

当时的经济形势不容乐观，人们在日益缩减在艺术上的花费。在这种形势下，为了维持学院的发展，他经常阅读最新的管理和组织发展类书籍。我猜他一定被我的答案吓到了。

我问他是否知道一本叫《平面国》的书。[1]

"不知道，我还没读过，"他说，"什么时候出版的？"

"1884年。"我回答。

"1884年！"院长笑了起来，但是他的面部表情表明他希望我做进一步的解释，于是我简要地介绍了我计划的演讲内容。

第二天，我的演讲从英国人埃德温·艾勃特所写的一部短篇小说《平面国》开始。这本书讲述了一个二维国的故事，那里的居民只能感知到长和宽。作者把他们叫作平面人。主角是一个正方形，他和一条线结了婚，生了两个六边形儿子。

一个漆黑的夜晚，一个三维的圆球——球体前来拜访他。在平面国，当一个三维球状物体穿过他们的世界时，平面人无法理解他的深度或丰满度。

球体说他来自空间国，那是一个三维空间。但是，他很快就因为正方形的无知而感到沮丧。

"你说你不知道三维空间？"他问道，"我来自太空。我可以去平面国的上面和外面。"

正方形回答说："哦，我们也可以这么做。我们可以往北走，也能往南去。"

你可以看得出想用语言解释三维空间是多么困难。

---

[1] Abbott, *Flatland*.

正方形越来越困惑，又没什么实物去支撑另一个维度的概念，于是正方形开始恐慌起来。

他最终明白了，想要知道三维空间是什么，不能单纯靠智力去理解，唯一的办法是亲身体验。于是，球体带他去参观空间国。但是，当正方形到达空间国，身处真正的三维空间时，他没有获得进一步的理解，反而比以往任何时候都不知所措。眼前发生的新奇事远远超出了他对世界秩序有限的认知。

令人高兴的是，他最终兴奋地理解了空间国这个新世界。而令人难过的是，他无法把他得知的这个新事实传达给其他任何一个平面人。

尽管如此，他还是希望有一天，空间国能"在一些维度找到某种进入人类思想的方式，激发一群不甘于局限在有限维度里的平面人开始新的反抗运动"。

正方形展现出的许多特质，与我们在遭遇变化和不理解的新事物时是一样的。他先是否认，然后觉得困惑，随后有些好奇，紧接着开始愤怒。在某个时刻他感觉害怕，他不承认或者不认为自己有能力从新的视角更深入地看待事物。最后，他在亲身经历后接受了新的维度，并为此感到激动不已。

本书呼吁人们进行一场"新的革命"，探索一种比当前流行的商业模式更宽广、更深刻、更丰富和更有效的方式。

很多人认为本书的理念是创新且具有革命性的。既是隐喻性的，因为这些理念代表了运营企业的新方法，又如字面含义所说，能引导人们进行创新，创造出显著而积极的变化。

| 三维世界里的二维方式：职场中的思考和行动 |

迄今为止，我已经做了28年沟通和组织发展顾问，最初的8年就是在"平面国"度过的。那时，我是一名"二维"的顾问，二维由思考和行动构成，我在二维世界里为我的客户们——企业、非营利性机构和政府机关等提供咨询。我找到问题并解决它们，结果却发现解决之后同样的问题又重复发生。因为经常治标不治本，所以"平面国"的顾问永远供不应求。

在某种程度上，我们都在"平面国"里工作。在思考和行动的二维世界里，组织里的对话听起来是这样的："只要我们竭尽全力思考问题或设定目标，我们就能制定出一个计划来做'正确'的事情，并获得成功。"传统的工作文化极其重视才智、数据、采取行动，为了实现"计划"而忙碌。这种文化衡量一个人的价值和成功，是看他一天内思考了多少问题，完成了几项工作任务。超额完成任务的员工和经理们将获得丰厚的奖赏。在二维职场，一个人的价值体现在他是否完成了工作，而他的道德品质或价值观是被忽略的。有的组织甚至只有一个标准："不用思考，只需按我说的做。"在这种组织里，业绩和利润比人更重要，包括从员工到整个团体的所有利益相关者都要为它让步，有时甚至要牺牲客户的利益。

这种不平衡可能偶尔显而易见，但大部分时候不易被人察觉。它真实存在于我们的世界里，让我们有苦难言。组织中的各种口号、动机良好的鼓舞士气的活动、企业内的沟通交流所传递出的信息会掩盖掉我们的真实经历。当偶尔碰到有人不只是用思考和行动力来衡量我们，罕见地把我们当成完整的人看待时，我们真正经历过就会很清楚自己对此渴望已久。当我们在一个组织中遇到那些真正了解我们的独特之处的人时，它提醒我们什么是积极的可能性，而大多数情况下这种可能性是不存在的。

只需浏览过去几年的新闻标题或者回顾自身的工作经历，我们就能找到更多证据证明职场缺乏人性。我们正在努力摆脱的全球经济危机并不是美元、欧元或日元的危机，而是价值观和道德的危机。在《2010年世界经济论坛报告》的序言中，克劳斯·施瓦布和约翰·J.德吉奥亚写道："当前的经济危机提醒世人，要从根本上进行道德反省，并重新考量支撑经济、政治和全球关联的管理机制。"[1] 在此前一年，即2009年12月，该论坛曾通过脸书进行了一次新颖的民意调查，受访者大多年龄在30岁以下，他们被问及如何看待价值观在当前经济中扮演的角色。来自法国、德国、印度、印度尼西亚、以色列、墨西哥、沙特阿拉伯、南非、土耳其和美国等国家的13万余人回答了问卷。引人注目的是，超过2/3的受访者认为当前的经济危机也是一场道德和价值观的危机。

只有在二维世界中，才会有如此多的人遭遇财务和情感的双重打击，而他们的牺牲却让少数人坐拥闻所未闻的庞大利益。这不只是系统出了问题，我们运作系统的方式也从根本上失去了平衡。可悲的是，我们沦为了不知情的帮凶，金钱和心灵都遭受了损失。

| 站在巨人的肩膀上 |

如果不是去过"空间国"并找到了答案的人把我带到了三维空间，

---

[1] Schwab and DeGioia, Faith and the Global Agenda, Values for the Post-Crisis Economy, World Economic Forum 2010, p. 5.

> 组织里绝大多数的人际冲突不是人造成的,而是系统的问题。

我一定还像正方形一样跌跌撞撞地前行。

20世纪80年代,我跟随马歇尔·瑟伯以及他的同事朱迪斯·奥洛夫·佛尔克等老师学习。他们的教导和哲学重塑了我的思想。瑟伯是唯一一位同时师从当代最伟大的两位思想家——爱德华兹·戴明博士和理查德·巴克敏斯特·富勒的人。爱德华兹·戴明博士是质量管理运动之父,理查德·巴克敏斯特·富勒是发明家、建筑师、工程师、数学家、诗人和宇宙学家。我从这项工作中学到的其中一条基本原则是:组织里绝大多数的人际冲突不是人造成的,而是系统的问题。如果只是处理人与人之间的问题,而不消除整个系统或团队对人际关系的影响,就像在沙子里而非肥沃的土壤中培育种子。我从自己的经历里领悟到:要想种出一棵茁壮的树,肥沃的土壤和健康的种子都要有。如果把一群基本上能够相处的人放到一个资源有限的系统里,比如形势促使他们不得不为资源进行意想不到的竞争,猜猜会怎样?答案就是,这些人不会相处愉快。相反,如果你把那些几乎没什么共同点、可能没法在晚宴上好好相处的人放到一个经过深思熟虑构建的组织或团队环境中,他们无论在人际交往层面还是团队效率方面都会发挥出色。因此,关键在于构建一个环境,让所有人都清楚团队的共同目标,并支持大家实现这个目标。

高效的政治竞选就是非常鲜明的例子。你走进竞选办公室,立刻就会看到四面墙上张贴的本竞选团队及对手们的目标达成率。竞选团队里的每个人都知道"终点线"是什么,也知道到达终点线的各个时间点。同时,每个人都能轻而易举地获取自己所需的基本资源,而不必费心地去寻求它们。当一个小组发现自己负责的选区没有获胜的希望时,他们会马上放弃自己的选区,把所有的人力和资源都转移到支持更有希望获

> 人类发展道路、世界性质和商业都在呈指数级变化。

胜的选区。人们共享信息和资源,大多数情况下,对自己的职责和权力也很清楚。

俗话说"从政不择友",助选人员和志愿参与政治活动的人可能来自不同的社会阶层和行业。然而,因为拥有共同的使命和目标,所以他们能够和睦相处。系统给予了他们支持,人们也感受到了来自系统的支持。

在我从事企业沟通咨询工作的数十年中,我发现在组织中,认同危机、痛苦、不满、误解、低下的工作效率和萎靡的士气等问题普遍存在。从美国西北大学人际交往和组织沟通专业毕业后,我曾先后供职于世界上两家最大的公关咨询公司——时代公司和伟达公关。我在数百个组织中遇到成千上万的人,包括普通员工、管理者、老板、会员和志愿者等。很多时候他们都在疯狂地向我提问:"接下来我们该做什么?""我们能做什么?"

目前,随着世界变化的速度呈指数级加快,这种担忧日渐增多,程度也日益加重。在20世纪60年代,巴克敏斯特·富勒猜测大约从5000年前起,每隔200年就会出现一项新的发明或革新,改变他所说的"人类发展的关键路径"。[1]

从公元元年起,这个间隔缩短为每50年一次。从公元1000年起,这个间隔变成了每30年一次。到文艺复兴时期,每三年就有一项改变世界的新发明出现。到工业革命时期,这个时间缩短为六个月。富勒曾经预计到20世纪20年代,这个间隔将会缩短为三个月,即90天。他称之为"加速的加速度"。按照物理学家彼得·罗素的说法,这个时间可以缩

---

1 Fuller, *Critical Path*.

> 这种模式的创新之处在于：在"需要意识"的单一框架内，兼顾人际交往需要和组织需要，这是职场中实现可持续变革和取得成功的基石。

短到几天，甚至是几个小时。[1]

| 应对疯狂的改变速度 |

那么，为什么企业成功变革的速度普遍较为缓慢呢？在所有那些采取某种管理策略来应对外部或内部环境变化的组织中，我听说只有25%～30%成功了，其余的还在苦苦挣扎。

根据我的观察，尝试变革的组织之所以失败，主要原因是把为人设置的制度当成了机械的流程。组织提出的问题也是秉承着如此的观点，比如在制定战略的时候问"接下来我们该做什么？"。从人的角度看，更重要的是探索价值观，特别是定义那些组织或团队身份的特定价值观。在这种情况下，要问的问题不是"接下来我们该做什么？"，而是"作为一个组织，我们是谁？"。先探究组织的身份，而非做什么。

虽然关注价值观的观点并不新颖，但是本书介绍的方式与众不同。我把组织或团队的身份定义为"共通的需要"，当人际交往和组织构建起"需要意识"的框架，人们在此框架中提出自己的需要，是职场中实现可持续变革和取得成功的基石。

对未来的恐惧

恐惧伴随着极大的不确定性而来。你有没有发觉自己和同事对未来有所恐惧？如果组织中的人们被恐惧驱使，会发生什么呢？他们会无意

---

1 Russell, *Waking Up in Time: Finding Inner Peace in Times of Accelerating Change*.

> 蓬勃发展的组织会着眼于他们未来伟大的愿景。

> 各种工作会议中的发言有 30%～50% 没有被与会人员听到。

中创造一个机会减少、资源缩减和能量降低的循环圈。英国赫特福德大学心理学教授理查德·怀斯曼在所著的《幸运配方》一书中提到一项历时 8 年、针对幸运和不幸的人所做的研究。研究人员发现幸运的人有一些特定的心理特质，主要的一点，这些人不是出于恐惧，而是怀着对好运的期待做事。[1] 成功的组织也一样，组织中的人们为了实现未来伟大的愿景而工作。为了能实现愿景，他们不墨守成规，敢于创新。

我早期的老师们，师从马歇尔·瑟伯和巴克敏斯特·富勒学习之后，经常使用"光明的未来"这句话，这句话也一直伴随着我。组织的任务就是带领人们一起着眼于光明的未来，同时也不忽略遭遇的痛苦。

| 跃入"空间国" |

在我 2004 年遇到马歇尔·卢森堡之前，我已经做了 22 年的组织发展顾问，他的教导给我的生活和工作带来了明显的变化。他长期致力于为街头巷尾势不两立的帮派和冲突不断的非洲部落等团体带去和平。当我 2005 年听他谈到美国企业是地球上最暴力的地方之一时，我一点也不感到意外。[2]

当我学习卢森堡教授的非暴力沟通（NVC）模式时，我就理解了他的意思。无论是在日常的人际交往中，还是在我服务的企业、非营利性组织、大学和政府机关中，我都能看到人们毫无意识地漠视他人的感受和需要。我观察到职场中充满了所谓的"无声的痛苦"。我常和客户说，我猜测各种工作会议上的发言有 30%~50% 没有被与会人员听到。一位

1　Wiseman, *The Luck Factor: The Four Essential Principles*, p. 89.
2　Marshall Rosenberg's NVC Workshop, Phoenix, AZ., April 2005.

女士曾经评论道:"不止吧?"在场的人大都默默地点头。

在学习非暴力沟通的几个月里,我见证了它在满足个人需要和创造更富有成效的工作关系方面所带来的奇迹。我发现团队成员之间倾听彼此的方式发生了转变,他们用一种更深入、更有效的方式,也就是同理心的方式去倾听他人,能够看到、感觉到和体验到别人正在经历的事情。以下面这个事情为例,我只是出于好奇提了一个简单的问题,却因此对当事人有了进一步的了解。

一位女性员工表示了她的沮丧心情,因为他人不遵守她负责制定的某个工作流程。她的同事们马上开始给出各种解决问题的建议,但是她太专注于表达自己的痛苦了,所以根本听不进去同事们的建议。最后当我问有没有什么建议能帮到她时,她回答说:"什么建议?"随后我问她,她感到沮丧是不是因为她看重尊重,认为遵守工作流程是尊重别人的表现。

她回答说:"是,是的,就是这样。我想要尊重。我花了很多力气安排日程,希望其他人也尊重这个工作流程。"她的需要得到了倾听。她停顿了一下,做了一个深呼吸,然后笑容满面地举起手臂说,"现在我准备好听取一些建议了。"

她未得到满足的需要——尊重被倾听到了,因此她从想要得到大家的理解转向了乐意听取他人的策略和建议。只是单纯地看到她的需要就让过程变得对所有人都更有效了。

非暴力沟通提供了明确的步骤来培养和深化同理心。为了进一步促

> 💬 整合式清晰架构提供切实可行的同理心流程满足个人和组织的需要。它不仅可以提高组织中员工的士气,还能提高效率,并增加利润。

进相互理解,这个过程包括我们与自己和他人的感受及需要进行连接。根据我阅读过的研究文献和我自己在顾问工作中所看到的,我确信这么做对团队、组织和个人都有积极作用。

我曾做过企业沟通专家,现在担当组织顾问。从一开始进入这个行业,我就意识到组织也有需要,这些需要和组织里的个人的需要有关,但又有所不同。明确地说,组织没有和人一样与生俱来的生存权,组织的存在仅仅是为了满足人的需要。然而,组织的需要是否得到满足、得到满足的程度,将决定组织能否繁荣,甚至能否生存下来。

在我们的一次讨论中,卢森堡和我探讨如何把非暴力沟通引入组织。我对商业世界各种组织很熟悉,于是我开始着手把非暴力沟通和满足组织与团队需要的流程结合起来。我想把同理心的因素带入各个商业领域,强化其运营的每一项功能,不仅提高组织中员工的士气,还能提高效率,并增加利润。

因此,整合式清晰架构诞生了!

感谢马歇尔·卢森堡、希尔薇亚·哈茨威兹、米基·卡什坦和其他非暴力沟通中心的认证培训师。通过非暴力沟通(也称作爱的语言),现在我的工作增加了一个新的维度——同理心的力量。这个模型成为一种向心力,让我把之前所学的有关人和组织的知识整合成为一个有机的整体。

现在当我去给组织提供咨询服务时,我能意识到组织中的痛苦,但不需要去关注它。整合式清晰架构能使组织恢复正常运营,也能逐步创造光明的前景。欣赏并发挥个人和团队的优势会为成功变革奠定基础。

> 职场中的连接通常不能满足人们的关键需要，因此，人们的工作效率、服务和利润都会受到不利影响。

| 关于连接 |

本书旨在为你、你的团队和组织创造更多的选择、力量和效率。如何做到呢？通过挖掘和激发最重要却经常被忽视的第三维度——人性层面的连接，也就是基于同理心产生的连接。

职场中不断发生着三种不同程度的同理连接：与自己内在的连接、与他人包括从同事到终端客户等的连接以及与整个团队或组织的连接。然而，在很多情况下，这些连接的品质并没有满足信任、尊重、自主、理解和意义等人类关键的需要。人对组织来说是必不可少的要素，若这些需要没有得到满足，个人和组织的工作效率、服务和利润等都会受到不利影响。

感受和需要

我们的职场是二维的。要做到同理连接，我们需要掌握并轻松驾驭两个人类特质，在我们身处的世界中，它们被系统化地低估，甚至被曲解了。人们带着一如既往的认知组建组织，这种世界普遍的现象在我们的职场中被简单复制。

这两个被人们误解的特质是：

1. 熟练地觉察自己的感受而不加以评判的能力；
2. 将这些感受与相关的正在被满足或未得到满足的人类需要相连接的能力。

我们的职场增添了另一种复杂性，因为人们的感受和需要淹没在日复一日紧张工作的系统环境中，同时人们还要进行大量的人际交往与合作。这种系统性的环境进一步钝化了我们对感受和需要的觉察能力。即便不在职场复杂多变的环境中，感受和需要也不容易被识别出来。

美国发展心理学家霍华德·加德纳在1983年提出了多元智能理论，让我们对理解、识别感受和需要的能力有了突破性的进展。这种理论指出，人类有一系列能力是无法通过智商测试来衡量的。在加德纳最新提出的九种智能中，有两种是内省智能和人际智能。为了发展与自己和他人的同理连接，我们将在书中继续深入探讨这两种智能。

在加德纳取得突破性研究的基础上，心理学家丹尼尔·戈尔曼于1995年出版了他的畅销书《情商》(*Emotional Intelligence*)，并在之后继续研究和推动情商对工作效率做出贡献。第二章将讨论戈尔曼在同理心和领导力方面的观点。

既然有可靠的研究支持，为什么同理心还是没有受到重视呢？问题似乎源于我们根深蒂固的习惯。人们习惯了用恐惧、内疚、羞愧和愤怒等情绪驱动自己和他人工作，而非熟练地将它们与我们自己和他人的感受和需要相连接。在二维世界中，这些负面情绪有助于提高工作效率；但在三维世界中，它们却是障碍。

给感受和需要下定义也许并不像我们最初想象的那么简单。数千年来，这些概念在我们的群体意识中被湮灭、歪曲和误解，我们的假设，甚至关于感受和需要的科学数据都是自相矛盾的。我们的语言也使得它们的定义更加混乱，例如，我们经常交换使用"感受""情绪""需要""渴望""愿望"等词汇，但它们的含义截然不同。

只有理解了感受和需要的确切含义，我们才能学会有意义、有效和可以重复使用的应用于职场的同理心方法。不了解感受和需要的具体作

> 理解我们的感受和需要,让它们为人性服务,使其可以取代恐惧、内疚、羞耻和愤怒,为道德经济夯实基础。

用就探讨同理心,就像不知道引擎如何工作就制造汽车一样。理解本书中所定义的需要尤为重要,因为它对理解同理心的概念和应用至关重要。感受是有价值的"信息",是需要在我们身体里的"数据"。感受本身没什么意义,除非我们赋予它意义。懂得了这一点,就可以让感受指引我们积极地行动。

通过利用这些人性的要素,而不是排斥、容忍或是试图"管理"它们,我们庆祝我们的人性,并拓展我们及我们所在组织的可能性。我们能够创造一个重视需要的世界,为道德经济夯实基础,为世界和我们所服务的人们增加价值。重视感受照亮了通往"需要意识"的道路。重视感受不是最终目的,而是为了满足更多的需要。最终,感受会提供有价值的信息,让我们未来做出更好的选择。当我们没有觉察到感受及其背后的需要时,我们可能会重复做出与之前相同的、不能满足我们需要的选择。

| 两个创新路线图 |

已经有很多书籍和模式在探讨如何建立更好的商业关系、提升沟通效率以及化解冲突。这是第一本使用非暴力沟通和它在职场的应用版——整合式清晰架构探讨这些联系的书籍。有很多人已经意识到这是两个有着巨大潜力的创新方法。我发展出了整合式清晰架构的概念和框架,这样其他人就可以体验到我第一次在咨询工作中应用非暴力沟通时的兴奋和赞叹。

虽然非暴力沟通在美国商业领域不如其在其他领域的知名度高,但它作为沟通和创造和平的方法享誉国际。现在有超过 240 名认证培训师在五大洲的75个国家分享非暴力沟通，在欧洲尤其活跃，全球每年有50万人接受非暴力沟通培训。[1] 本书在整合式清晰架构的框架中使用了非暴力沟通原则，在马歇尔·卢森堡的著作《非暴力沟通》[2] 一书中，你能了解到更详尽的内容。

我记得马歇尔在将非暴力沟通应用于组织中时把整合式清晰架构称为"缺失的一环"。当时我和他一起撰写《变革手册》第二版的其中一章时，我感到非常激动。这本手册由顶级的组织管理顾问和学者们编纂，是一本实用指南。这本被誉为"当今最佳的全系统参与的决定性资源"[3] 的书有19章翔实的内容，选了整合式清晰架构作为其中一章。我们合写的"整合式清晰架构：强化我们在组织中的谈话方式和内容"这一章，引发了世界各地组织的广泛兴趣。这些组织包括总部位于欧洲的金融公司、总部位于印度的国际非营利性组织、美国的各大学、公司和非营利性组织等。

本书提供了切实可行的策略，用以发展和维持完全不同级别的功能性强的人际连接。组织研究的一些成果发现，这样的连接能够激励并推动最成功的团队和组织的发展。同理心在过去十年内刚开始逐渐吸引职场研究人员和企业领导者的眼球，他们认为同理心是有价值的研究领域和实践方法，能够提升组织效能。

很多时候，在商业领域和各组织的语境中，同理心常被误解和混淆为完全不同的概念，比如同情心。当人们将他人的感受和想法与他们自

1　2006 Annual Report for The Center for Nonviolent Communication.
2　Rosenberg, *Nonviolent Communication: A Language of Life*.
3　Holman, Devane, Cady, eds., *The Change Handbook: The Definitive Resource on Today's Best Methods for Engaging Whole Systems*.

> 同理心是我们为取得职场和团队成功能学到的最重要的技能之一。

已经历过的感受和想法联系起来时,就会产生同情心。同情心也能创造人与人的连接,但与同理心连接不同,后者的关注点只在对方身上。

在第二章中你将了解到,同理心是我认为我们要掌握的最重要的技能之一,它可以帮助我们在职场和团队中取得成功。为了促进团队合作、与客户沟通、做好我们的工作,理解对方的处境是务实且有效的基石,而理解我们自己的感受和需要是让这一切发生的基础。因此,思考者和行动者依然思考和行动,他们只是增加了连接这一维度,提高了成功的可能性。"连接—思考—行动"的模式不仅比"思考—行动"更有效,也会给人带来更多的回报和激励。

当我们同理倾听一个人的内在体验时,我们和对方在彼此共通的人性层面相互连接。但是这种连接有可能不会自动发生——通常不会。事实上,人们往往都不了解自己的种种感受。因此,这样一套有价值的沟通与觉察模式,能帮助各方相关人员把产生的感受和需要相连接,并促进他们的互相理解。这个过程还说明了如何为满足这些需要承担责任。人与人之间深刻的理解会释放出巨大的能量,创造让人兴奋和积极的合作,这对当今加速发展的商业世界是有实际意义的。这也给职场的士气带来了深刻而积极的影响。将人际沟通的改善与整合式清晰架构的工作流程相结合,让组织或团队的需要和客户的需要清晰化并得到满足。最后,如同书中提到的各个案例一样,你将见证经济和社会价值的显著增长。

我将在接下来的几章中清晰地定义和剖析这一流程,并支持你发展创建和维持高功能连接的技能——我称之为你的"个人连接力"。我将循序渐进地说明同理心的步骤,展示如何在之前提到的三个层面——内省

(与自己)、人际(与他人)、组织(与整个组织或团队)层面进行连接。

整合式清晰架构的模型如图 1-1 所示。

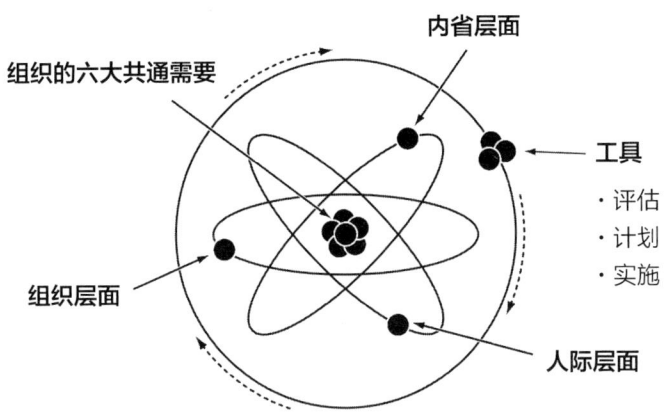

图 1-1　整合式清晰架构模型

| 连接与操控 |

从本书介绍的这种特殊类型的同理连接中，会自然而然地产生一种力量，马歇尔称之为与他人共享权力而非用权力操控他人。连接也会自然而然地带来利益——和别人一起获利，而非通过榨取他人获利。学习这些技巧并发展相应的技能，目的不是强迫别人按照你的意思行

> 思考和行动已经过时,连接、思考和行动闪亮登场。

事。你会发现最纯粹的连接本身就是强有力的目的,而非达成目的的手段。

这种新的、紧密的连接会引领人们去做你想让他们做的事情,不是出于恐惧、内疚或羞耻,而是因为追求他们共同的目标为他们带来意义和愉悦感。这就是二维职场中的"思考—行动"与三维职场中的"连接—思考—行动"之间最显著的区别。在第二章中你将看到,当同理心和连接先于思考和行动时,结果是显而易见的。

可能有个疑问一直萦绕在你的脑海中:不让人们去做你或管理层想让他们做的事,组织如何运营?工作怎么完成呢?这看起来不太可能啊。在二维世界里,确实如此。那么,为什么要花这么长的篇幅,介绍同理心的相关研究和故事,证明它与思考和行动一样合理且同等重要呢?

就像平面国里的正方形一样,我们不能只靠心智去理解本质上更宽广、但不是那么显而易见的维度。除非我们自己先体验第三维度,并运用某种方式有意识地表达出来,否则全世界所有的证据都无法向我们证明它的存在。

接下来,我们将通过非暴力沟通和整合式清晰架构的原则和实践,探索同理心这个第三维度。我们不但要在心智层面理解它,也要在身体里体验它。通过亲身体验,一种全新的、自然的力量将在你内心滋生并散发出来;它也会被引导到你周围的人、你的工作场所以及你选择的其他任何组织或团队。你会发现你能更经常地创造你职业生涯中想要拥有的东西,而非被迫接受他人的想法。同时,你将有可能与他人更好地合作、满足客户更多的需要、为更广泛的社会利益服务。

非暴力沟通和整合式清晰架构都很容易学习,它们的基本形式都非常简单。你不需要有任何商业方面的学习经历或者管理经验就可以马上使用它们。我确信书中至少有某个大的想法或者很多小的理念会引起你的共鸣,激励你采取行动,进入有更多、更大可能性的"空间国"。

****

继续阅读下去吧。在第二章,你将能领略那些可能性对你、你的团队和组织意味着什么。

第二章

利用人性的元素

当今最成功的公司越来越多地在经营过程中
融入爱、喜悦、真诚、同理心和真情实意；
他们传递着情感、经验和社会价值，而不仅仅是为了利润。[1]
——沃顿商学院《人见人爱的企业》一书的推荐语

巴克敏斯特·富勒经常提到尾舵原则。[2] 尾舵是安装在船的方向舵上的一个小舵。它有何作用呢？要想让船转换方向，方向舵必须重新定向。然而，方向舵是一块大而扁平的板子，移动时会受到周围水压的巨大阻力。事实上，如果方向舵在转向时角度太大、速度太快的话，它会断裂。尾舵是方向舵上一个很小的部件，因为尺寸较小，所以很容易转向。只要它稍微转动一下，它就会打破方向舵的平衡状态，制造出低压真空环境，大的方向舵就可以轻松随着它转向。这说明一个相对较小的改变可以让一艘大船转换方向，否则就需要付出巨大的努力才能实现。

如果把组织或团体看作远洋巨轮，为其工作的人是方向舵，那么同

---

1 Sisodia, Wolfe, and Sheth, *Firms of Endearment: How World-Class Companies Profit from Passion and Purpose*.
2 Gabel and Walker, "Leadership By Design: How One Individual Can Change The World–Leadership Principles of Buckminster Fuller," 2006.

> 把同理心作为重中之重，可以推动组织各方面的发展，包括工作效率、利润、士气和工作意义等。

理连接就是尾舵。同理心能够促进组织战略、团队工作效率、市场营销、产品研发、项目开发和销售等诸多方面，并最终给组织带来利润和成功。怎么做到呢？就是把同理心与市场和职场中的组织合作、创新和变革管理等相联系。

与尾舵相似，同理心可以促进人与人之间的合作，也能推动个人拥护组织的决策，让创新、发展和改变更容易、更顺利地进行。同理心是催化剂，使我们期待看到的未来加速实现。

说起合作，在联邦信息资源管理协会2010年10月举办的一次会议上，科技巨头思科公司的董事长兼首席执行官约翰·钱伯斯提到，新一代的虚拟软件将会永远把合作与职场中日常使用的科技设备的可携带性、可操作性和兼容性结合起来。[1] 科技很容易让人觉得没有人情味，我们的工作场所是孤立的"地窖"，彼此隔离。然而，新出现的虚拟技术，例如云计算、谷歌文档以及其他网络共享资源等，都在促进人们的合作。最善于合作的人将很快成为职场中最有价值的人。同理心技能是合作的要素之一，它正变得日益重要，因为它涉及对合作各方需要的理解。满足需要是组织成功的关键。

当前各种组织研究的共同点是将组织内多方面的需要和其主要受众或客户的需要相联系。当有了这种需要的意识，组织研究的相同之处则愈加明显；如果缺乏需要的意识，组织研究的成果则看起来毫无关联。我相信把同理心当成一种职场技能来学习，并把它作为一种最佳的商业实践来支持，并视为重中之重，可以推动组织各方面的发展，包括工作

---

[1] Association for Federal Information Resources Management Conference, Washington D.C., C-Span, October 19, 2010.

效率、利润、士气和工作意义等。

在接下来的章节中,在我们进入将创造同理连接当成一种职场实践来应用之前,我想首先和大家分享一些研究,这些研究越发让我相信同理心在组织中的重要性。

多年来,我一直很喜欢金博尔·费希尔的著作《带领自我管理的工作团队》。在很多工作组中,这本书也是很多团队赋能培训的指定阅读材料。费希尔在书中呈现了对7000多个工作团队和公司的研究结果,还有组织的案例研究和量化数据。这些研究指出,最成功的工作团队和工作环境具备三个相同的特质,这些特质是:

1. 领导者有能力与工作人员建立真正的相互尊重;
2. 领导者能确保完成工作任务;
3. 领导者发挥领导力来解决问题。[1]

第一次看到上面这三个特质时,我感到如释重负,也很欣慰。第一个特质是连接,而行动被排在了第二位。在此之前,我没见过有人用如此清晰和直接的方式对这些进行研究和记录。

在随后的十年中,将会有诸多研究表明,在职场中拥有和发展有品质的连接,例如信任、尊重、慈悲和同理心等,能产生高效能。

| 情商、同理心和信任 |

心理学家彼得·萨洛维和约翰·梅尔在1990年率先提出情商这一

---

[1] Fisher, *Leading Self-Directed Work Teams: A Guide to Developing New Team Leadership Skills*, p. 122. 费希尔引用了哈佛商学院研究员帕梅拉·波西和贾尼斯·克莱恩的著作。

> 同理心能产生信任，洞察力和理解，这对内部沟通和跨文化沟通都很重要。

概念。[1] 随后，丹尼尔·戈尔曼在1995年出版了《情商》一书，进一步引起了世人对这个话题的兴趣。1998年丹尼尔·戈尔曼在《哈佛商业评论》上发表了一篇题为《什么造就了领导者》的文章，在这篇文章中，戈尔曼称情商为领导力的"必要条件"（不可或缺的要素），并把同理心列为领导力的五大要素之一。他认为同理心是"理解他人情感构成的能力"，以及"根据他人的情绪反应选择如何对待他人的技能"。他列举了同理心如此重要的三个原因：团队的作用越来越大（盛着沸腾情绪的锅）；全球化进程越来越快，可能会带来跨文化沟通中的误解；留住人才的需要在不断增长。[2]

柯来荣公司（Clarion Enterprises Ltd.）是一家专门从事情商和领导力发展的公司，它的创始人布鲁纳·马蒂诺兹在一篇题为《同理心有什么用？》的文章中，进一步明确了同理心的好处："实际上，同理心是一种有价值的货币。它让人们建立信任的纽带；洞察他人的感受或想法；帮助我们理解他人如何对某种形势作出反应或为何在某种情境下有那样的反应；让我们'人类的智慧'变得更加敏锐，做出更明智的决定。"[3]

2008年完成的一项盖洛普调查中，问询被调研对象，最希望自己的领导具备哪些品质。人们预期的一些描述，如愿景、目标、动力、抱负、智慧等基本没有；相反，人们最希望领导者具有的品质是信任、慈悲、稳定、希望、诚实、正直和尊重等。[4]

---

1 Salovey and Mayer, "Emotional Intelligence," *Imagination, Cognition and Personality*, Vol. 9, No. 3, 1989–90, pp. 185–211.
2 Goleman, "What Makes a Leader?" *Harvard Business Review*, 1998.
3 Martinuzzi, "What's Empathy Got to Do With It?"
4 Gallup Polls, "Why People Follow," 2008.

一家致力于领导力研究和培训的国际机构——创意领导力中心进行的一项研究表明，当信任度很高时，组织更容易留住人才，也能节省时间和金钱。[1] 另外，该中心在 2002 年还做过一项调研，让管理者们评估在带领组织度过裁员和其他困难时期时，什么是最有效的。中心的一位领导力发展高级项目主任凯莉·邦克尔得出结论："为了帮助组织度过艰难时期，高效的领导者更善于将软性领导技能，如信任、同理心和真诚的沟通等，与所需的硬性管理技能结合起来。"调查结果显示，在变革时期最善于管理组织的领导者在"诚实而积极主动地沟通"方面表现出色。他们"良好地倾听，具有一定的敏锐度，尽管有些变革可能会带来痛苦，他们也愿意清楚地说明变革的原则和必要性"。[2]

因此，同理心证明了它在建立信任的纽带方面极具价值，有利于领导者全面展示其高效的领导力。

| 同理心、意义和客户满意度 |

戴夫·帕特奈克在其所著的《谁说商业直觉是天生的》一书中着重探讨了由于与客户的同理连接能够驱动产品的研发和创新，同理心的企业文化如何帮助公司繁荣发展。不仅如此，同理连接也创造了一些很难在职场培养的东西——完成工作对个人的意义。与客户进行同理连接给了员工一个早上起床去工作的理由，以满足他们自己对贡献和意义的需

---

[1] Stawiski, Deal, and Ruderman, "Building Trust in the Workplace," Center for Creative Leadership, April 2010.
[2] PR Newswire, "Survey by Center For Creative Leadership Shows 'Soft Skills' Make a Difference in Tough Times," January 14, 2002.

要。帕特奈克和皮特·莫滕森引用了诸多对耐克、IBM、微软Xbox、哈雷·戴维森以及其他公司的案例研究,说明如何用同理心来制造出更好的产品、提高员工参与度、获得更有价值的顾客反馈并增加公司的收入。[1]

同理心不仅被应用于企业用户,许多政府机关、非营利性组织和大学等社会机构也使用同理心对待他们的终端用户。请看以下案例中,对我们所服务的市场,同理连接所产生的力量。

我曾在20世纪90年代为一家拥有43000名会员的协会提供咨询,它是当时美国政府团体里雇员最多的机构之一。协会当时要在几个星期内为来自全州各个地方的会员们举办几十次会议,会议上要做出一些重要的决策。但是管理层很担心,因为以往会员的出席率总是比他们期望的还要低。

哪位工作人员该负责协调并出席哪场会议?管理层按照会议的时间顺序准备了会议列表,因为这最方便他们的人员安排流程。在我们与会员进行的一系列非正式小组的讨论中,我注意到会员们看起来很迷惑,他们花了很大的工夫,举棋不定,不知道该选择参加哪场会议。他们的眼睛上下扫视着会议列表,然后从左到右地扫视。会员们对日期不感兴趣,他们首先想要了解的是会议地点,这是他们决定是否参加某场会议的决定性因素。但是,要想获得这些信息,他们只能从这30多场按日期分类排程的会议列表中筛选。因此,我建议管理层根据会议举办地点重

---

1 Patnaik, *Wired to Care: How Companies Prosper When They Create Widespread Empathy*.

新排列会议列表。例如，A区域举办的三场活动都列在一个醒目的标题下面，其他地方也一样。表格格式进行了调整，再加上对会员们的需要增加了沟通，大家都明白了参加会议能够满足他们的这些需要，这导致了那一年的出席率增加了三四倍，是协会50年来同类型会议中出席人数最多的一次。有一场会议人多到居然要从别的房间搬椅子过来。其他会议的出席人数也倍增。

这让管理层大吃一惊！领导者们意识到从会员的角度而非管理的角度进行沟通会带来价值。一个简单、有效、有同理心的解决方案带来了显著的成果。

考虑他人的需要，是一种同理心品质，这种品质我们可以通过使用非暴力沟通来培养。接下来，我们再看看为了取得更好的效果，还有哪些方式可以帮助我们与他人连接。

| 成就之路 |

吉姆·柯林斯划时代的著作《从优秀到卓越》在2001年问世后，改变了领导者和顾问看待组织的方式。在书中，作者根据历时五年多针对《财富》杂志评选的世界500强企业的1435项研究，提出了一些核心的研究成果。这些成果不仅包括要做什么，还包括如何成为一名领导者或充满激情的员工。其中一项主要研究描述了柯林斯所说的"第五级领导者"，即那些能够领导公司在业绩上长期超越竞争对手，即使在行业整体萎靡时期也能长期占据主要市场的领导者。关于这种类型的领导者，柯林斯说："值得注意的是，第五级领导者这个概念是基于经验的发现，而

> 在业绩优秀的公司里,领导者都能够自我觉察,拥有某些特质,使自己能够与他人建立连接。

不是基于理念。谦逊+意志=第五级。第五级领导者具有二元性:谦逊而有韧性,质朴而无畏。"[1] 这些不是商业上的实务性工作,而是领导者与自己和他人连接的方式。

这些领导者是如何造就的呢?柯林斯表示,是因为"正确的环境——自我反思和有意识地进行个人成长"。他在书中提到,调研发现一些领导人身上发生过"重大生命经历,也许这些经历促进或者助推了他们的成熟",例如罹患癌症、经历过第二次世界大战、有坚定的宗教信仰或信念等。[2] 这让我们再次看到,自我连接和自我觉察等人性因素是工作中采取行动的基础。

| 热情、目标和价值观 |

柯林斯提出"刺猬理念",要求对以下三个问题进行反思:你对什么充满热情?你能够在什么方面做得最好?是什么驱动你的经济引擎?那么,为什么是刺猬呢?柯林斯极富创意地用刺猬命名他的理念,是因为刺猬只能做好一件事情——为了保护自己而蜷成一个球,把刺朝向外面。刺猬不会跑,甚至视力也很差,但是它们很懂得如何蜷成一个球!

当读到柯林斯提及热情的那部分时,我感到非常兴奋。因为在我过去 28 年的组织顾问职业生涯中,我一直在寻找更多实例来证明感受在职场中的力量。当我在引导某个团队讨论对什么有热情时,我明显能感觉

---

1 Collins, *Good to Great: Why Some Companies Make the Leap . . . and Others Don't*, p. 22.
2 Collins, *Good to Great: Why Some Companies Make the Leap . . . and Others Don't*, p. 37.

在市场上表现卓越的公司狂热地追求自己的目标,并且很清楚自己的价值观。

到他们跳出他们的头脑进入热情状态时所散发出来的能量。对很多人来说,他们喜欢分享自己想要在工作中对他人做出贡献以及由此产生的意义,但这样的机会没有他们期待的多。

柯林斯表示,他研究的公司中有一些他觉得非常优秀,但满足"卓越"标准的不到0.5%。那么,那些优中取胜的公司有什么特点呢?答案是,那些公司都极度着迷于"刺猬理念"。尽管最近几年,随着全球经济的衰退,许多参与"从优秀到卓越"研究的公司都遭遇了巨变,但柯林斯在组织成功领域的研究成果依然具有深远的意义。

那么,这些公司是适合工作的地方吗?柯林斯说,也是,也不是。对于拥有相同价值观的人来说,这是适合工作的好地方。例如,如果你不抽烟,在雷诺烟草公司上班就像每天听到牙医的电钻声一样。他指出,那些透彻了解自己是谁的公司(我把这个理念称为组织身份)实际上会拒绝那些价值观与之不符的人。由于这些公司对自己的定位是始终如一且清晰的,人们很容易决定他们是否适合在这个公司上班,据此选择适合自己上班的公司。当然,对这些公司的好处在于,它们能吸引那些更愿意接受它们价值观的人;反过来,这又让员工更能实现自己在公司工作的热情和目标。

| 参与和赋权 |

柯林斯和费希尔都认为管理员工的想法已经过时了。如果我们必须要管理某个人,那说明他根本就不适合这份工作。我们想要人们能够自我激励,能够主动了解公司或团队打算做的事情,决定自己如何为团队做贡献,然后付诸行动。威廉·布里奇斯在《管理变革》(*Managing*

Transitions: Making the Most of Change）一书中用了很大篇幅谈论去工作化的概念。费希尔也一样。卓越的公司不用条条框框限制员工，而是让他们在各自的岗位上自由发挥。那些与公司愿景、目标和热情保持一致的员工会拿起他们的船桨，快乐地划船。

关于热情的力量，皮克斯动画工作室的崛起是一个典型的例子。皮克斯动画工作室致力于动画领域的创新和极致追求，吸引了许多极具天赋、才华横溢且充满热情的人加入。皮克斯动画工作室取得的成就不容置疑，其中包括但不限于24次奥斯卡金像奖、7次金球奖以及3次格莱美大奖。它在全球累计创收63亿美元，[1] 取得了许多惊人的成就。皮克斯动画工作室的成功源于其拥有清晰的组织身份、目标和热情。行动和创意的确是必要的，但价值观和品质才是成功的燃料。

在谷歌频繁招聘的那几年，应聘者通常要经过12次——是的，是12次面试，才能见到将要与他一起工作的人。星巴克的面试官会在面试前询问应聘者是否想喝杯咖啡。这不只是礼节性的询问，他们实际上是想通过这个问题了解应聘者是否真的喜欢喝咖啡。

柯林斯和费希尔在研究中提到，那些将思考、规划和同理心连接整合到一起的组织，不仅能让员工感到被赋能，也会得到下面影响深远的结果：

· 成本下降45%[2]

· 工作效率提升250%[3]

1　Wikipedia on Pixar. http://en.wikipedia.org/wiki/Pixar. Accessed February 14, 2011.

2　Fisher, *Leading Self-Directed Work Teams*, p. 31.

3　Fisher, *Leading Self-Directed Work Teams*, p. 31.

> 组织越明晰自己的身份、目标、方向以及每个员工在推动这一事业中所扮演的角色，员工就越能自行选择并自主自发地工作。

> 人们希望工作时被授权，对他们所做的工作拥有激情和目标。当他们没有这样的机会时，就会感到很沮丧。

- 收入和利润增长 100%[1]
- 减少 50% 的事故、旷工和病假[2]
- 股市价值增长 3.42~18.50 倍[3]

人们希望工作时被赋权，对他们所做的工作拥有激情和目标。我发现一起合作过的各团队和公司，不管是来自美国、印度还是日本，人们在工作中谈论得最有感染力、最亲密的话题就是希望如何做贡献。每个人给这个话题赋予了非常个人化的含义，都渴望创造不同。他们想早上起床后做有意义的事情，这是人们想要满足的需要。如果在工作中没有这样的机会，人们会觉得很沮丧，并陷入恶性循环。有时候，管理者会认为他们无法调动员工的积极性。事实上，戴明说过：组织中绝大多数人与人之间的问题不是个人的问题，而是系统的问题。系统的某些问题导致人们发生争执，这并不是因人们的个性造成的。[4]

想要鼓励员工自发地参与并做出贡献，人们需要知道组织或团队的发展方向是什么，为什么要选定这样的方向以及他们能怎样提供帮助。组织越明晰自己的身份、目标、方向以及每个员工在推动这一事业中所扮演的角色，员工就越能自行选择并自主自发地工作。人们越能发自内心地进行选择，组织就越能从员工的努力中获得更多的热情和能量。如同柯林斯所说，这种热情与其他关键因素结合得越多，就越能从中获得

1　Fisher, *Leading Self-Directed Work Teams*, p. 32.
2　Fisher, *Leading Self-Directed Work Teams*, p. 31.
3　Collins, *Good to Great: Why Some Companies Make the Leap . . . and Others Don't*, p. 7.
4　Deming, www.deming.org

巨大的利润。[1]

说起利润，在整合式清晰架构里，我把组织或团队的其中一种共通需要称为能量需要，而利润是实现这一需要的三个核心策略之一。《变革手册》的编辑兼组织顾问佩吉·霍尔曼告诉我，她认为这是整合式清晰架构流程里最让人兴奋的地方之一。她喜欢这种看待利润的新角度，相信利润是一个结果而非追求的目标本身。人们想要为一个有意义的目标工作，这个目标会带来利润，而利润又促使他们更好地工作。

当一些公司承诺去重视史蒂芬·柯维提出的"重要但不紧急"[2]的问题——我们想要成为什么样的人，我们想如何在一起相处，有些让人意想不到的事情在悄然发生。这其中的一个关键因素是让人们在自我激励的承诺范式下工作，而非在恐惧、内疚或羞耻的控制范式下工作。这样做的目的是平衡权力和责任。

让我们继续以皮克斯动画工作室为例。汤姆·达文波特在他的博客上为《哈佛商业评论》写的一篇文章中分析了组织是如何建立健全的判断和决策能力的。他提到，皮克斯动画工作室能做出"更好的决策"，部分原因是公司的管理者给了导演们很大的自主权；同样，导演们也会请整个制作团队反馈意见。他们大获成功的另一个原因是创立了皮克斯大学。他们不仅培训员工，还激励人们更热情地参与实现公司的目标。[3]

---

1 Collins, *Good to Great: Why Some Companies Make the Leap . . . and Others Don't*, pp. 95–96.
2 Covey, *The 7 Habits of Highly Effective People: Powerful Lessons in Personal Change*, pp. 150–69.
3 Davenport, "Five Ways Pixar Makes Better Decisions," July 15, 2010, blog for the *Harvard Business Review*.

> 高效领导者往往具有高度的自我觉察能力,而健康的组织中,处处可见人们的社交互动,包括互动式和合作式的战略对话。

自我觉察和策略对话

个人和组织的自我觉察能力提升后,将有助于人们与他人和组织更有成效地沟通,满足更多的需要,更好地实现目标。例如,组织发展领域的重要著作均认为人们需要深度思考、自我反思、有意识的个人发展、一对一的教练等。

除此之外,很多人也许会感到惊讶,学术界提倡除了考虑心能训练之外,还要考虑员工的感受和需要。哈佛商学院的高管培训项目有一门课程叫作"动荡和变革时期的领导力"。课程介绍中提到,变化是通过用事实影响人们的感受发生的,而不是用分析和数据。美国西北大学凯洛格商学院开设了一门课程,由身为作家、医生和灵修大师的狄巴克·乔布拉博士主讲,学生均是公司的管理人士。他的课程介绍看起来也与传统的课程描述不同,介绍中是这么说的:"在领导力的灵魂这门课程中,你将会提升对自己和他人需要的觉察能力,更深入地理解你的领导力潜能,从而深刻改变你的领导力方式。"我们再次看到第三维度的重要性,它深化了人们的思考和行动。

在组织发展领域,欣赏式探询找到了立足点,它帮助提升自我觉察和健康的人际交往。欣赏式探询是基于揭示人类倾向的社会学研究。如果我面对面地告诉你,你做的事情都是错的,那么,你出错的可能性就更大。如果我跟你说"告诉我一件你以前做过的类似的特别的事情",然后我帮助你汲取你自己在这方面的智慧,你将获得自信和能力。

随着员工们自我觉察能力的提升,一个健康的组织不再单纯依赖书面文件进行沟通,而会有更多传统的口头沟通和人际互动。人们更喜欢使用苏格拉底式的探询方式进行讨论,相互提问被视作一种支持,而非

> 组织的成功并非取决于我们的所作所为,而是取决于我们选择成为什么样的团体和个人,以及我们共创的同理连接的品质。

质疑。这样的公司在制定结构化战略规划时,员工之间会进行很多交互式和协作式的战略讨论和对话。公司实行参与式管理,让负责具体实施的员工参与到整个系统中。

| 用整合式清晰架构加以整合 |

在发展出整合式清晰架构的过程中,我思考过很多组织研究。我多次发现了具有说服力的证据指出要利用人性的元素,最大化地关注职场中的感受和需要,而非忽略、压制、抹杀它,或者将它们归为心智或思维。

我从这些研究者和老师们的工作以及自己的咨询经历中得出如下结论:组织效能和生命力源自自我觉察的状态。成功并非取决于我们的所作所为,而是取决于我们选择成为什么样的团体和个人,以及我们共创的同理连接的品质。我们时刻觉察自己的本质,采取我们的行动。明确和加强这一组织发展的驱动力是整合式清晰架构的基石。

但我们如何真正实现自我觉察呢?有哪些实际的技巧帮助我们进行自我觉察呢?

非暴力沟通有明确的步骤帮助个体进行自我觉察,而整合式清晰架构告诉我们如何让整个团队或组织实现自我觉察。整个过程以非暴力沟通为工具,以整合式清晰架构为框架,明确和满足个人的需要以及组织的六大共通需要。

20世纪80年代我在时代公司工作时,吉姆·海耶斯是我的老板,他在那里得到了最高评价,直到今天依旧如此。后来他担任《探索》杂志的出版人,然后又在世界公认的顶尖商业杂志之一的《财富》做了8

年出版人。2005年,我们在凤凰城共进晚餐,一边吃寿司一边谈论整合式清晰架构的理念,谈到组织拥有需要,而最重要的需要就是身份识别。

基本上,身份是组织的一个核心要素。它回答了一些问题:"我们是谁?""我们共同的价值观是什么?"在战略对话中,整合式清晰架构的实施流程从此处开始:处于组织中的人们问询他们的组织身份是什么,然后他们会把这种身份体现在他们的消费市场——即他们服务的客户身上。令我惊讶的是,海耶斯认同我的观点,他认为对于组织的未来发展来说,理解自己的身份相当关键。他说:"即使一个组织需要花一整年厘清身份,也是值得的。"

海耶斯的商业倾向一向传统,所以他的话让我备受鼓舞。在传统的商业战略规划环节,组织不会花时间提出"我们是谁?"这样的问题,即使这种问题会连接组织成员内在的感受。大部分的会议都直奔主题,讨论接下来该做什么。这在三维世界中是一种目光短浅的关于思维、计划和行动的二维模式。

组织是否清楚它的身份和我们有什么关系呢?为什么组织是否有需要很重要?感受在职场中扮演了什么角色?了解自己的感受和需要会带来什么不同呢?

如果我们所在的组织内部在需要和价值观上存在冲突,如果我们不清楚哪些需要和价值观对我们的工作很重要,那么我们的生产力和士气都极有可能受到影响。职场中很可能发生更多的人际冲突,工作效率低于大部分人的预期或者沟通失误的频率过高,员工会感到越来越挫败。此外,每个人的价值观不同,我们可能会对工作日益感到不满。

另外,当组织和员工的需要得到满足,一种"人性化公司"就出现了，如同宾夕法尼亚大学沃顿商学院在《人见人爱的企业》一书中所描述的：

> 我们所指的人性化公司，是指它的运营方式让所有利益相关者，包括客户、员工、供应商、商业伙伴、社会大众、投资人等，与它建立情感连接，就像人们对喜欢的球队一样充满深情。人性化的公司，或称作人见人爱的公司，不只为利益相关者最大化地创造价值，也尽可能造福整个社会。它们是终极价值创造者：它们创造情感价值、体验价值、社会价值，当然也包括经济价值。和这样的公司打交道，人们会感觉到安全和放心，因而能愉快地与之进行交易。人们乐意和这样的公司合作或者为这样的公司工作，愿意从这样的公司购买产品，为其投资，并喜欢与之为邻。[1]

这段话描述了当组织内部创造出令人满意和充实的环境后它和外部世界所建立的连接。

在发展出整合式清晰架构后，客户在进行战略决策时，我会建议他们停一停，先探讨以下让人深入思考的问题：

- "我们是谁？"
- "我们如何持续清晰地表达，我们渴望满足客户哪些人类共通的需要？"
- "我们如何在日常运营和决策中评估和检查我们与这一目标的连接？"

---

[1] Sisodia, Wolfe, and Sheth, *Firms of Endearment*, p. 4.

> 当我们第一次回答组织身份、服务生命的目的和发展方向等关于源需要的问题后,自然而然就会找到接下来的行动策略。

・"我们如何从服务的客户那里评估和检查我们实现这一目标的能力?"

整合式清晰架构回答关于组织的六个基本需要的问题,这六个基本需要包括身份、服务生命的目的、发展方向、组织架构、能量和表达。我将在第四章系统地解释这些需要,在其他章节也会提到。当我的客户第一次回答有关身份、服务生命的目的和发展方向的问题后,他们自然而然地会找到接下来的行动策略。所以,我们把这三个需要称作"源需要"。随后,组织架构、能量和组织在市场和世界上的独特地位的表达等"杠杆需要"会依次来支持到这些策略。

结果如何呢?人们表示,他们与组织内部和外部的连接更加紧密并且充满感激,公司效益和业绩增长更是不在话下。组织中的成员在服务于集体性策略的过程中能更深入地理解彼此的感受、需要和请求。员工能够通过自我激励和自主赋权自发地完成工作任务,无需自上而下的管控和命令。

| 工作效能的提高就是证据 |

我发现在整合式清晰架构的框架内使用非暴力沟通有着此前从未见过的成果。与传统的战略规划相比,我的客户们通过基于需要的战略对话发生了巨大的转变。

俄勒冈州波特兰市

一位来自俄勒冈州波特兰市的管理分析师在参加了半天的非暴力沟通与整合式清晰架构工作坊后,立即将整合式清晰构架的原则应用到她的部门。一年之后，她反馈说她所在的部门正在以前所未有的速度提高工作效能。她很感激自己学到的东西，因为她对职场的满意度也提高了。

国际艺术学院院长协会

曾经担任南佛罗里达州大学艺术学院院长和国际艺术学院院长协会主席的孟菲斯艺术学院院长罗恩·琼斯博士提到，这个非常专业的组织"会员人数不断减少，组织本身摇摇欲坠，直到董事会成员和部门领导参加了一次运用整合式清晰架构的理念和方法进行战略对话的工作坊。现在，成员数量、利润和其他关键指标比以往任何时候都要好"。

亚利桑那州交通部

非暴力沟通和整合式清晰架构的原则和实践方法帮助人们建立了高度的连接，它们并非空乏的理论，而是切实可行的方法。这些原则和实践方法被应用于开发一项创新性三年商业项目并获得成功，这是亚利桑那州一个2.2亿美元的交通建设项目中的一部分，是该州交通建设史上最大的单笔合同。

亚利桑那州交通部（ADOT）通信和社区合作署的副署长特蕾莎·威尔伯恩说："这项商业推广计划建立在连接和同理心的基础上，对于项目区域内的商户来说是史无前例的。商户从这种方式里获益良多，他们会成为项目团队的合作伙伴和建设的倡导者，不像之前那样唱反调了。亚利桑那州交通部、公众及项目承包方都从中受益，因为这一公共项目得

> 一旦我们理解了高质量的人际关系是高绩效团队和组织的基础，我们所知道和理解的一切都会切换到一个更高效的水平。

到了企业界和社区的支持，得以在预算内提前六个月完成，交通部也因此得到了更多民众的支持。"

一旦我们理解了高质量的人际关系是高绩效团队和组织的基础，我们所知道和理解的一切都会切换到一个更高效的水平。一家拥有300名员工的小型企业的人力资源总监说："公司的一些流程主要关注于提升士气或沟通等与人员相关的问题，其他问题则集中在战略计划和运营方面。整合式清晰架构兼顾了这两个方面，这让我们很兴奋。"

正如你在研究中看到的，这种双重关注是切实有效的，公司或团队需要发挥出它最高的效能。

│用在家庭生活中│

自从我开始在工作中应用非暴力沟通和整合式清晰架构后，有很多客户告诉我说在工作中学到的这些理念也影响到了他们的家人，在某个程度上，每个人都对别人感到更满意、更有连接感。这些让我很惊喜，也倍感鼓舞。

例如，整合式清晰架构使一家小型金属制造工厂的老板肯家庭事业双丰收。有一天他给我打电话，我问他我们讨论的原则和行动方法对他与机械师们的连接有哪些影响时，他说："在工作中非常有效，但是你应该看看在我和我17岁的女儿之间发生了什么。我们可以交流了！"通过对基于需要的意识和非暴力沟通的语言模式进行一些基础方面的练习，他和女儿终于开始建立丰富彼此生命的连接。

> 将整合式清晰架构和非暴力沟通融入你的组织和个人的日常工作中,需要改变沟通的习惯,然后逐步在整个组织中创建同理连接。

| 转化需要时间 |

除了对个人的好处,我希望我已经说明了同理心在满足员工、组织和客户的需要等方面的益处。在接下来的章节里你能看到更多这样的案例。最重要的是,你将知道如何发展这项技能以及如何运用它。然而,我也想说明一点,应用整合式清晰架构是一个过程,它是对把非暴力沟通和基于需要的原则应用到职场中,并获得具体成果的一种探索。我们进行观察,调整策略,为满足自己、组织和团队的需要负起责任,同时也关注客户的需要并为之付出努力。这是一个循环往复的过程。

这一实践将带来由内而外的转化,个人和组织将朝着更和谐和更成功的方向发展。整合式清晰架构、吉姆·柯林斯的《从优秀到卓越》、威廉·布里奇斯的《管理变革》、金博尔·费希尔的《带领自我管理的工作团队》以及其他文献提及的大量研究都有一个共同点:所有这些著作和研究提出的概念,不只是填充我们大脑的理念,还可以在生活中具体实施和实践。

尽管整合式清晰架构的流程容易学习,但它并不是一蹴而就的解决方案。虽然理解起来很容易,但是由于我们习惯的生活方式正好与之相反,所以整合式清晰架构运用起来还是很有挑战性的。传统语境中,我们的语言充满了指责、内疚、控制、羞耻和隔阂等。非暴力沟通给我们提供了一个机会让我们改变在职场中的习惯,并将新的习惯永久地固定应用到我们的沟通中,可以更经常地满足尊重和高效的需要。我想强调的是,在学习的过程中要有耐心,犯错时要原谅自己。没有人是完美的,每个人都有无法克制情绪的时候,尤其是在压力之下或者健康出问题的时候。对自己宽容一点。你正在转化根深蒂固的思维模式,有一些是难以觉察到的。记住,改变你将要说出口的话,你实际上是在切实改变你的思维模式和你看待世界的方式。这会花费一点时间,但是你点亮的新世界是非常美好的,值得你付出时间和努力。

布里奇斯说,改变是外在看得到的,但转化是一种内在的体验。[1] 例如,只是换了个职位,搬到了另一个办公室,并不代表我在同一天就能完全适应新角色。学习新技能也是类似的过程。

要将书中的概念应用到你的组织中,需要按照以下五个步骤进行方能看到成果:

1. 阅读并理解这些概念。
2. 思考这些概念,提出问题或者观察它们是否已经在你的生活、组织或团队中发挥了作用。
3. 继续通过亲自实践来检验这些概念。
4. 调整策略以达到更好的效果。
5. 观察并欣赏有效的部分,强化它并创造更多。

尽管需要花时间改变惯性的思考和行为模式,但非暴力沟通和整合式清晰架构依然是我所知道的最简单且最快的学习和应用同理心的方式。同理心是我们的天性,非暴力沟通和整合式清晰架构清楚地说明如何深化和培养同理心,并将需要的意识整合到个人和组织中。假以时日,让这个过程慢慢发生,让时间成为你的朋友,我想你会找到满意的

---

1 Bridges, *Managing Transitions: Making the Most of Change*, p. 143.

答案。

我邀请员工和管理者与我一起探索他们是谁，他们看重什么，他们如何在职场和消费市场表达这些价值观。去做这件事吧，你将看到你工作的地方更加生机勃勃、繁荣昌盛、前景光明。

*****

第三章说明非暴力沟通的基本原则和应用，第四章阐述整合式清晰架构模型及如何将基于需要的觉察应用到职场中。两者结合能够帮助你发展连接力并在职场中大展宏图，到达第三维度。你将看到更多的可能性和让人更满意的结果，发现一个充满有意义的同理心连接的世界。

第三章

非暴力沟通的基本原则

> 研究表明：当人们改变了说话的方式，思考的方式也会改变……
> 所有这些新的研究告诉我们：
> 我们使用的语言不仅反映或表达我们的想法，
> 也塑造我们希望表达的真实想法。
> 语言方式对一个人构建现实生活有着深刻影响……[1]
> ——莱拉·博格迪特斯基
> （斯坦福大学心理学教授、《文化心理学前沿》主编）

研究我们选择的词汇和语言如何影响我们对现实生活的体验，形成了非暴力沟通模式的雏形。我喜欢把非暴力沟通称为同理心语言，也有人称它为慈悲的语言。

非暴力沟通的创始人马歇尔·卢森堡有一句名言："你的下一句话将改变你的生活。"这句话可以引申为："你的下一句话将改变你的事业。"我们在前一章重点阐述了同理心和慈悲的力量，它能够提升职场的工作效率，这在组织研究中得到了验证。在本章，我们从练习如何同理自己以及同理他人开始，你会发现建立你的同理心的步骤过程。在下一章，我们将继续研究同理心在团队和组织等环境下的特定应用。

---

[1] Boroditsky, "Lost in Translation," *The Wall Street Journal*, July 24, 2010, pp. 4 and 5.

| 什么是同理心 |

在查阅同理心的相关研究时，有两点让我颇为惊讶。第一点是，在如何定义同理心和慈悲方面，我没有看到广泛的共识。由于本书的重点是同理心的定义以及如何运用非暴力沟通实践同理心，本章将提到一些解释和定义，我认为这样有助于我们理解同理心在职场中的应用。

第二点是，在我查阅的关于同理心的研究和书籍中，没有任何一篇以具体的方式指出使用和实践同理心的过程。确实，我找到了一些让人表现出同理心的小窍门，例如要真正地倾听他人，表现出对他人的尊重和兴趣，或者设身处地地为对方着想，顾及他人的感受等。这些都是有价值的建议，但是他们并没有清楚地说明运用同理心的具体过程，也没有给出一种系统的、让人可以重复并循序渐进地使用同理心的方法。他们没有提到隐藏在冲突和痛苦之下的深层次问题，也没有提到如何通过同理连接解决问题。事实上，各种研究对同理心的定义都有所区别，如有人把同理心称为"一种超越自我、站在他人立场上的能力，可以理解他人的想法，感受他人的感受"[1]，同理心的另一个定义是"确切地理解他人的情境、感受和动机的能力"。[2]《盖洛普管理期刊》上的一篇文章《领导者下一步必须做什么》为领导们提供了一个建议："你讲话的方式必须包含同理心。务必让员工们知道，你理解任何一个可能会摆在你员工面前的困难或决定。"[3]

1　Patnaik, "Innovation Starts with Empathy," 2009.
2　Martinuzzi, "What's Empathy Got to Do With It?" 2006.
3　Robison, "What Leaders Must Do Next," *Gallup Management Journal*, June 11, 2009.

同理心和慈悲是否有区别

关于这个问题，德国莱比锡市的马克思·普朗克人类认知与脑科学研究所社会神经科学系主任塔尼亚·辛格博士给出了肯定的答案。在接受斯坦福大学医学院下属的悲悯与利他主义研究教育中心的访谈时，辛格提到了情绪传染、同理心和慈悲的区别。他认为，三者的主要区别在于：

情绪传染：是人的一种基本反应，例如有人打哈欠，其他人也跟着打哈欠；或者托儿所里一个孩子哭了，其他孩子也开始哭。研究表明，这是所有动物和人类的本能。

同理心：当我们开始区分我们和他人的感受，并意识到我们和他人都是独立的个体，他们的痛苦不是我们的痛苦时，情绪传染就会发展为同理心。

所以，也许我感觉到了你在难过，但我知道是你在难过，而不是我。和他人建立了同理连接并不意味着我有意愿去帮助对方，但同理心预示了"带着同理的关心"或者以慈悲之心关心他人。[1]

慈悲：当同理连接发展为同理关心或者慈悲，随之而来的结果就是有强烈的意愿采取行动去帮助他人。辛格在这次访谈中没有提及三者之间如何转化，但是根据我的经验，非暴力沟通的过程可以做到这一点。非暴力沟通鼓励人们猜测别人（或自己）的需要，帮助别人（或自己）提出满足这些需要的请求。

---

[1] 对辛格的采访，2010年。

倾听

同理连接最关键的要素之一就是倾听。史蒂芬·柯维在他所著的《高效能人士的七个习惯》一书中说:"同理倾听不只是听到、反馈或理解个别的词句而已。据沟通专家估计,人际沟通仅有10%通过语言来进行,30%取决于声音,其余60%则靠肢体语言。在同理倾听的过程中,不仅要耳到,还要眼到、心到;用眼睛去观察,用心灵去体会。倾听感受,倾听意义,倾听对方的行为,左右脑并用,运用所有感官、直觉和感受。"[1]

有时候,想要"做些什么"满足对方的需要,可能只需深刻地同理倾听对方,安静地猜测对方的感受和需要,或把猜测大声说出口。我最初使用和练习非暴力沟通的两次经历让我记忆深刻,它们代表了时至今日仍在鼓励我实践非暴力沟通的关键经验。

关于出租车司机的故事

我第一次鼓起勇气尝试这种表达感受和需要的新语言,是在去亚特兰大国际机场的出租车上。那时我刚参加完马歇尔·卢森堡主持的为期一周的培训。我跃跃欲试地想要同理倾听别人,把注意力完全放在对方身上,不只与他人建立同理连接,还同理关爱他人及其生活。

我顺理成章地开始同理倾听出租车司机。这件事对我来说风险较小,因为我几乎可以肯定以后不会再见到对方,我也知道一到目的地,我们

---

1 Covey, *The 7 Habits of Highly Effective People: Powerful Lessons in Personal Change*, pp. 240–41.

的对话就会结束。我不记得对话是怎么开始的了，但我记得当时我对他做了一个观察，猜测了他的感受和需要并告诉了他。我把他所说的故事理解为愉悦的感受和需要得到了满足，或者不愉悦的感受和需要未得到满足，并反馈给他："当我听你说起你女儿，我猜你感觉非常骄傲，你很想要支持她。"他回答说："是的，是的，你说得对。"然后他继续说了更多的细节。他谈起他的家庭，还有想要买一辆出租车做生意等。

刚开始对话时，我对他而言只是个陌生人。也许和他载过的其他乘客一样，他和我说话时是怀有戒心的。但是随着我不断地同理倾听他，他和我的谈话越来越熟络。令我惊讶的是，我很乐意用这种方式去了解他。即使我猜错了也没有关系，他会直接纠正我。就这样，我们在短短的乘车过程中加深了连接。他从一副平时工作时的刻板表情（我猜测），到后来变得满面笑容。他还不时地通过后视镜看我，和我进行眼神交流。他坐得更加挺拔，声音也变得活泼起来。

最后他问我是做什么工作的，说以前从来没人像我一样问过他那些问题。我告诉他我是一名沟通和战略规划顾问。我觉得他可能没理解我到底是做什么工作的，但是他说和我聊天很开心。下车的时候，他紧紧地拥抱了我，说他以前从未有过这样的对话。有趣的是，我觉得全程我可能只说了50个词而已。但是对他而言，我们俨然已经是老朋友了。

关于伊拉克退伍老兵的故事

第二件令人难忘的事情发生在飞机上。主持完在佛罗里达的一场战略规划会议后，我坐上了返程的航班。我看到一个男人在舱门即将闭合前冲进了机舱。他个子很高，虎背熊腰，皮肤黝黑，身体结实，35岁左右。他穿着一件短袖T恤，眼睛里布满血丝，走路的时候左右摇晃，还撞到了几位坐在走廊边座位上的乘客，使几位乘客露出了很不耐烦的表情。他在我的座位过道对面的座位上坐下后，我闻到他身上隐约有酒气。他说话声音很大，让坐在他周围的人听着很不舒服。有一位乘客大声叹着气，重重地起身坐到另一排座位的一个空位子上。我觉得他可能对这个男人感到很厌恶。

几分钟后，这个男人起身走向几位正准备检查安全措施的空乘人员。他想要一杯酒，其中一位空乘人员请他回到座位等待起飞。在这个过程中，他刚好背对着我，我看到他的T恤后背上印着消防队员的马耳他十字标志，还有"伊拉克"和"消防员"等其他一些单词。我马上好奇起来，想知道他是不是刚从伊拉克战场回国。当时战争刚开始几个月，我还没有和任何被派往伊拉克的人员说过话。当他返回座位，我向他提起他的T恤，问他是否曾在伊拉克服役，他回答说是的。我表达了我的好奇，感谢他为国服务，我们开始聊了起来。我开始猜测他的感受和需要，他回答我的问题。看起来他很享受和我的谈话，但好像有所顾忌。他突然问我是不是记者。我笑了起来，解释说我只是想了解一下他在伊拉克的经历。

他打开了话匣子，原来除了伊拉克，他在去伊拉克之前还在阿富汗待过三年。他是一名医务人员，但他的工作不是救人，而是在遭遇袭击后把尸体从废墟中拖出来。他说起他们如何堆放尸体。我问他这对他而言是不是一项艰巨的工作，他说最后他习惯了。他告诉我他在南美待过一阵子，由于和一位新闻记者的谈话而陷入了麻烦。所以他之前才那么问我，还对我很提防。他告诉我他现在要去凤凰城和他的母亲住一阵子。

然后，这个高大健壮的男人哭了起来，而且哭得挺厉害。过后他擦了擦眼泪，告诉我他想要独自待一会儿。我坐在那里看着窗外，猜测他的感受和需要，简单地想象着他哭泣的大概原因。

几分钟后，他又开始和我说话了，并为他的哭泣向我道歉。我说我看到他哭，觉得很受感动。他从口袋里掏出一样东西，说要送给我。我伸手去接他手里的东西，那是一枚圆形的军队徽章，背面有可撕下的魔术贴。徽章上有三种颜色的阿富汗轮廓。有黑色、红色和绿色三个区域。徽章的最上方写着"巴格兰战斗监狱徽章"，底部则写着"持久自由行动，2004"，在徽章中间绣着"黑色行动"，底下还有一个闪电图案。他说他想要忘记阿富汗，所以请我收下这枚徽章。我接受了他的礼物，并向他表示谢意。接下来的路途中他一直在睡觉，直到飞机降落。

我和他一起走出机舱，一路感谢他的贡献和勇气。他告诉我很少有人对他说这些，因此听到我的话他很感激。一位之前看起来有点恼火的乘客听到了他和我在飞机上的对话，了解了他的经历，他也和我们一起走出机舱，并向他表达谢意。这位退伍老兵看起来精神很好，一路上和我们有说有笑。我们相互道别后，在我最后一次扭头看他的时候，他正和一位女士（我猜是他母亲）紧紧地拥抱在一起。他弯腰抱着她，把头靠在她的肩膀上。

我想，他把徽章当作礼物送给我，代表着我和他分享了他的痛苦。每次看到徽章，我都会想起他。我很感激他能够并且愿意和我连接。有时候我会想，他在和我分享前或在那之后有没有和他人也分享过这些事情。

我一直把他那天的行为当作我今天的一份礼物。他是我的情感英雄。

> 提升职场中的工作效率,仅仅靠同理和连接是不够的,毕竟提升工作效率需要采取行动。连接—思考—行动是有效变革的必备要素。

这个男人,一开始被人当成讨厌鬼或行为不当的人,实际上却是现实生活中的战斗英雄。当我发现有人在评判我时,我会想到他和他的勇气,我就可以进行自我同理——评判我的人只是用那个时刻他们能想到的最好的方式,表达他们未得到满足的需要和痛苦。

这个故事表明,即使一个人刚开始看起来似乎对同理连接完全没有任何兴趣,深刻的同理连接依然可以强化双方的关系。进一步说,在实践非暴力沟通时,不管我们多么娴熟地使用本书中介绍的同理心步骤,连接的意图最终决定了连接的品质。

职场中同理心在行动

我认为同理心是在人类共通的需要上创造情感连接,接下来我们继续就此深入探讨。人类共通的需要是同理连接的核心,同理连接可以提升职场的工作效率、参与度和工作意义等。同理心不只是体会他人的感受或设身处地为他人着想,在此基础上,人们产生同理关心并采取行动。后面的章节将继续讨论职场中的同理行动如何能通过提出请求满足个人的需要以及采取策略满足组织的需要等。这一概念和第一章中提出的连接—思考—行动有关,它们是有效变革的三个必备要素。

| 同理心是否可以学习 |

这个问题的答案是肯定的。虽然人类天生具备基本的情感共鸣和同理心,但更成熟的、可引发行动的同理心是可以培养的,这也是本书的目的。非暴力沟通是我所知道的与人进行同理连接并采取同理行动的最

> 真正的同理心不是认知构建，它是一种可学习的情感和全身心的体验。

简便快捷的方式。它是一种可以学习的技能，而非晦涩的概念。过去28年我一直从事有关职场沟通的研究和指导，包括人际沟通、团队沟通和组织沟通等，非暴力沟通的四个步骤涵盖并解释了我所遇到的所有关于沟通和人际关系的问题。商业畅销书《谈判力》（*Getting to Yes*）的作者、哈佛大学法学院"哈佛谈判项目"的联合创始人威廉·尤里曾说过："非暴力沟通是人这辈子能学到的最重要的方法。"

非暴力沟通的步骤几分钟就可以掌握，而且正如前面提及的研究所指出，随着在组织内持之以恒地实践应用，非暴力沟通确能提升组织的生产力、增加企业利润、改善领导力和提升团队绩效等。掌握同理连接的技能需要不断练习，但是看到可以给个人带来的显著收获和给企业带来的益处，花时间练习是值得的。真正的同理心不是认知构建，它是一种可学习的情感和全身心的体验。因为这个原因，非暴力沟通的实践者并不是真正在"教"非暴力沟通，而是以一种让他人亲身体验的方式进行分享。

| 介绍非暴力沟通：午餐之约练习 |

以下是我喜欢向职场人士介绍非暴力沟通的一种方式。

想象一下，现在是上午11:15。你打电话给你的合作伙伴鲍勃，问他中午可否与你一起在托比烤肉店共进午餐，讨论一下你俩最近正在运作的一个很重要的项目。他接受了邀请。你处理完手头的工作，11:55把车停在餐厅的停车场。你走进餐厅，要了一张两人坐的桌子，开始浏览菜单。你看了看表，12:10了，但是鲍勃没有出现。你拿出你的苹果手机，玩了会儿。接着，你又看了看手表，已经 12:25 了，鲍勃还是没出现。

在描述完这一场景后，我问在场的职场人士："发生这种情况，你会有什么感受？"通常，大家首先提到的感受有"恼怒"、"沮丧"或"恼火"。一般来说，人们在工作中很看重时间和效率。除了这些感受外，一些人可能还会说一些例如"他很粗鲁"或者"他不尊重我"之类的话。这时，我会问"当你告诉自己'他不尊重我'时，你会有什么感受？"来帮助他们区分他们的想法和感受。他们通常会思考一会儿，然后有的人会说："受伤。他让我等来等去的，我觉得很受伤。"

当我们进行这个练习时，我会画出一张表格，如表 3-1 所示。

表 3-1 午餐之约练习——感受和想法

情境	我的感受		我的想法
鲍勃说："12:00 可以在托比烤肉店一起吃饭。" 12:25，鲍勃没出现，也没发来信息。	恼怒 恼火 受伤		"他很粗鲁。" "他不尊重我。"

随着不断设想当时的情境,大家会说出其他感受。

"担心。我会担心鲍勃是否还好,或者他出什么事了。"

"解脱了。如果我觉得鲍勃很难缠,我其实根本不想和他见面。"

"高兴。这一周终于有 20 分钟属于自己的时间了。"

"紧张。鲍勃不喜欢我的项目创意怎么办?"

现在我们的表格看起来如表 3-2 所示。

表 3-2　午餐之约练习——更多的感受和想法

情境	我的感受	我的想法
鲍勃说:"12:00 可以在托比烤肉店一起吃饭。"	恼怒 恼火	"他很粗鲁。"
	受伤	"他不尊重我。"
12:25,鲍勃没出现,也没发来信息。	担心	"他还好吗?"
	解脱	"他很难缠。"
	高兴	"我可以放松一下。"
	紧张	"我希望他喜欢我的创意。"

> 想法是我们在头脑中告诉自己的事情，感受是我们的身体体验到的各种感觉。大部分人并不懂得区分这两个内在的过程。

当大家看到表3-2，一些事情开始变得明朗起来。他们注意到有不同的感受出现，从"高兴"到"受伤"，再到"恼怒"。首先，他们意识到同样的情境会导致不同的感受。其次，他们看到想法和感受是不一样的。

想法是我们在头脑中告诉自己的事情，感受是我们的身体体验到的各种感觉。所以，如果有人说"我觉得不受尊重"或"我觉得他不应该那么说话"的时候，我也许会这样回应："当你认为你不受尊重的时候，你感到受伤吗？"或"当你认为他不应该那么说话的时候，你感觉恼怒吗？"大部分人并不懂得区分想法和感受这两个内在的过程。非暴力沟通应用于商业领域之所以会产生如此强大的力量，关键原因之一就是它能够区分这两者的不同。为什么这么说呢？因为当我们不是用想法对发生的事情进行解读、评价或者评判，而是看清真实发生的事情时，我们就可以更准确地评估情况以及了解自己的感受。换句话说，我们能够更清楚地看到情境，因为我们能够把自己对情境的感受和想法与情境本身分开。

根据之前画出的表格，我向这个小组的人指出一个合乎逻辑的结论：情境并不是引发我们感受的根源。如果是根源，那么在同样的情境下我们都会有同样的感受。从以上的练习中我们看到事实并非如此，因为完全相同的情境会引发很多不同的感受。于是我们也可以猜测，同一个人在不同的日子里遇到相同的情境也会产生不同的感受。事实上，一个人的感受可能在短短几分钟内就从恼怒转变为担心，再转变为解脱。

表3-3中列出了我们在职场中可能体验到的感受。

表 3-3　职场感受列表

难过	疲劳	平静	高兴	担心
惭愧	疲乏	敬畏	欣喜	惊慌
忧郁	无望	喜乐	渴望	焦虑
伤心	冷漠	舒适	兴奋	担忧
失望	困乏	自信	开心	扰心
泄气	精疲力竭	充实	激励	提防
软弱	心烦意乱	关爱	乐观	紧张
无助	筋疲力尽	平和	自豪	不安
受伤	无精打采	放松	释然	害怕
孤独	焦头烂额	安宁	满足	震惊
悲惨	昏昏沉沉	安详	激动	疑惑
麻木	晕晕乎乎	全神贯注	有希望	慌张
脆弱	烦躁不安			恐惧
				警惕

续表

友好	生气	困惑	兴奋
赏识	愤怒	谨慎	新奇
亲切	心烦	疑惑	惊奇
温情	心酸	犹豫	好奇
感激	厌恶	迷惑	投入
开放	激愤	怀疑	陶醉
敏感	沮丧	不舒服	自由
合群	暴怒	不自在	着迷
温柔	妒忌	不确定	受鼓舞
信任	悲观	不情愿	感兴趣
温暖	愤恨	坐立不安	生气勃勃
热情	不耐烦	不知所措	热情高涨
乐于接受	怒气冲冲	举棋不定	精力充沛
			激情四射

> 在非暴力沟通中，我们认为感受的根源来自我们自己，而不是源自外部的环境或者其他人。我们的感受与我们自身内在的、人类共通的需要密切相关。

因此，如果这种情境，比如鲍勃没有出现，不是引发我们感受的根源，那根源是什么呢？

非暴力沟通认为感受的根源是我们自己，而不是外部的环境或者其他人。我们的感受与我们的内在需要息息相关。通过识别并明确说出我们的需要，我们为自己的感受负责。这里提到的需要，不是愿望、欲望或渴望，而是人类共通的需要，是每个人都有的基本需要。只是不同的时候，在我们的体内，有的需要比其他需要更活跃而已。这个事实在我们共同的人性层面从根本上把我们统合为一体。

基本需要和职场需要

卢森堡博士根据智利经济学家曼弗雷德·马克斯·尼夫提出的人类基本需要的人类发展模型，提出了一系列基本的共通需要。马克斯·尼夫的理论与人本主义心理学创始人亚伯拉罕·马斯洛提出的需要层次模型相关。这种心理学观点强调个人责任、自由意志和自我实现（或称为实现人的最大潜能）。卢森堡曾师从美国著名的心理学家、人本主义心理学的领军人物卡尔·罗杰斯。

由于要把非暴力沟通应用于组织，考虑到要适合职场人士，我调整了卢森堡博士的需要列表。职场的需要列表将组织需要分为八种，关于组织的研究表明，满足这八种需要，组织将获得超常的效益，包括为团队和组织提供卓越的产品以及员工和客户的满意度提升等。表3-4所示的职场需要列表可作为需要词汇表，列出了优化团队和组织功能以及经验的重点领域。

表 3-4 职场需要列表

资源 *身体需要*	负责任 *言行一致*	自我表达 *创造力*
空气 / 食物 / 水	真诚	创造、激发
舒适、放松	贡献	成长、进步
保障	效能、进步	学习、精通
设备、工具	反馈、跟踪	意义
健康	诚实	玩耍、乐趣、欢笑
运动、锻炼	谦虚、自省	指导
隐私	品行	
休息 / 放松	守时	
安全、防护	品质	
补给	自我价值	**自我整合** *自然能量*
时间、效率	诚挚	美
带着尊重的身体接触		平等、相互性
		和谐、和平
		灵感
		秩序
		目的、意义
		尊重

续表

沟通 *思想需要*	整合 *相互依存*	转化的标志 *庆祝开始*
觉察	接纳	仪式/典礼
清晰、方向	感激	愉悦感
数据、研究	清晰	享受其中
做决定	亲近	兴奋感
敏锐度	社群	疗愈
教育、培训	慈悲	幽默
信息	连接	热情
反思	体谅	
激发、挑战	合作	
	情感安全	
权力 *赋能*	同理心	
	和谐	**接受结果**
自主权	包容	接纳收获和教训
选择	亲密	承认局限
共同制定策略	爱	承认遗憾
合作	安心	哀悼未实现的梦想
纪律	尊重	哀悼失去的关系
自由（情绪、精神和身体）	支持	
个人特色	信任	
独处	理解	
	确认	
	温暖	

当这种需要的意识在职场中得到鼓励时，我看到有两种变化在快速发生。首先，人际冲突逐步减少。为什么会这样呢？因为我们把"认为他人做错了事"转化为表达我们自己的需要。请思考下面的例子。

我曾带领一个顾问团队为一个客户做线上组织测评。当我向顾问团队成员介绍评估的初步结果时，有一位顾问特别注重评估报告里的具体措辞。他提出了一些问题，并表达了他的困惑和疑问，他在这个问题上花的时间比别的顾问都要多。察觉到他看到评估结果后被触发的需要，我问他在他此前看过的报告里，有多少他觉得用词很满意。他说："不多。"会议结束时，他说自己觉得很尴尬，因为本来大家是来听取评估结果的，结果却被他分散了注意力。后来我得知他的父亲是一位市场研究员，是撰写评估报告的专家。我猜测他如此关注评估报告的遣词造句，有看重评估质量、准确性和专业度的需要，这些都与他父亲有密切的关系。我也体会到他是带着这个观念去看每份评估报告的，他希望看到的报告能体现出这些品质。

不管我对他的这些想法是不是真的，但对我来说，猜测他可能的感受和需要是有效的方法，帮助我厘清了对他的言行的看法。我不再把听到的他的评论和问题当成批评、指责或评判，这会让我们产生隔阂，相反，我能够和他保持连接。在把我的想法和需要与他的评估区分开来时，我能看他看得更清楚，也能更好地听取他的建议。根据他的建议，我们马上对报告做了一些调整，我很喜欢这些调整，认为这样能够给我们的客户提供更多可操作的信息。如果我听到的只是批评，我可能要花很多印度哲人 J. 克里希那穆提曾经说过：不带评判的观察是人类智慧的最高境界。

精力为自己辩护、辩论和解释（一开始我就是这么做的），我就会错过修改评估报告以让它变得更好的机会，也会失去和这位我非常尊重的同事在工作和个人层面建立有价值的连接的机会。

| 被引发的感受意味着未被满足的需要 |

我们再回头看午餐之约练习。练习进行到这里，我把完整的需要列表分发给大家，请大家猜一猜表格上我们已经列出的每种感受背后有哪些需要可能得到满足，有哪些未能得到满足。不需要太多的思考，大家就完成了表格，如表 3-5 所示。

现在，事情很清楚了。我们感受的根源和自己的需要更相关，而非当时的情境或者鲍勃。发生的事情引发了我们的感受，激活了我们去觉察自己的需要是否得到了满足。在非暴力沟通中，我们把外界的刺激称为"观察"，也就是具体的、可证实的、所有人都认可的事实。这种观察的力量在于去除了评价、解读或者评判。在我们的午餐之约练习中，注意如何只列出可观察的事实。鲍勃同意中午在托比烧烤店见面是事实。鲍勃在 12:25 还没有到达，没收到来自他或者其他人关于他为什么没到的信息也是可验证的事实。用这种方式说明发生的事情，所有人都会认同。但是要说"鲍勃迟到了"，这就不是观察，而是一些人可能不认可的一种评判。在很多文化或城市中，比约定时间晚 10~20 分钟到达被认为是"准时"；而在另外一些地方，即使你按照约定时间到达你也算"迟到"，因为其他人在约定时间前几分钟就已经到达了。因为这些不确定性，印度哲人 J. 克里希那穆提曾经说过：不带评判的观察是人类智慧的最高境界。

表 3-5　午餐之约练习——感受、想法和需要

情境（观察）	我的感受	我的需要	我的想法
鲍勃说："12:00可以在托比烤肉店一起吃饭。" 12:25，鲍勃没出现，也没发来信息。	恼怒/恼火	体谅	"他很粗鲁。"
	受伤	尊重	"他不尊重我。"
	担心	安全	"他还好吗？"
	解脱	舒坦/轻松	"他很难缠。"
	高兴	安静/和平	"我可以放松一下。"
	紧张	合作	"我希望他喜欢我的创意。"

无论是在非暴力沟通的步骤中还是应用于商业领域，观察都是第一个基本步骤。通过纯粹的观察，有能力看到事实的真相，是非常有力量和有竞争优势的。由于减少了评判的干扰，从观察出发让我们可以有更多的选择和策略。可以把它想象成电视信号接收器，如果你能不失真地接收到信号，你看到的图像和听到的声音就会非常清楚。因此，虽然目前非暴力沟通被更多地运用于调解和维护社会公正领域，但想到非暴力沟通在职场应用中具有巨大潜力，我就觉得非常兴奋。

> 评价、解读和评判或许可以作为职场中的有力决策工具。但是，当我们无意识地将它们与感受和需要混为一谈时，我们就无法客观地判断我们的感受或需要，抑或是经营中的实际状况。

例如，一家旅游网站公司"城市之旅（Travelocity）"曾在2005年尝试扩展其核心业务，但是失败了。当时的首席执行官和总裁米歇尔·佩鲁索并未评判或指责任何人，而是把注意力放在了观察上。在接受《时代》杂志的一次采访时，她解释了这么做的原因："我们不会因为做了一个不好的决定或者冒了一次险去互相惩罚……如果没有成功，我们可以把它当成极佳的学习机会——从中学习并继续前行……我们明确地让参与其中的员工知道：从他们为此所做的工作中，我们学到了很多，我们可以把这些学到的东西纳入我们加速核心业务的发展中。"[1]

评价、解读和评判或许可以作为职场中的有力决策工具。但是，当我们无意识地将它们与感受和需要混为一谈时，我们就无法客观地判断我们的感受或需要，抑或是经营中的实际状况。因此，我们并非不再进行评价、解读或者评判，而是在这么做时有意识地区分客观的观察和主观的评判，了解两者的不同。若我们混淆了两者，我们所说的更有可能被人理解为批评。

除此之外，对他人的评判会掩盖我们的需要。我们常常把注意力放在外部情形和相互指责上，而不是客观地提出请求以尽力满足我们内在的需要。因此，我们错失了与内在未被满足的需要进行连接的宝贵机会，而这种连接可以使我们做一些更富有成效和成就感的事情，甚至改变我们的生活。有时候，我们会把内在未得到满足的需要投射到他人身上。对于绝大多数人来说，这么做都是出于无意识的习惯。如果接收信息的人没有能力、意识或意愿将评判的语言视为释放信息的人对未满足的需要的表达，将会造成两者之间的隔阂。如同本书中的案例所述，同事之

---

1 国家公共广播电台早间节目对米歇尔·佩鲁索的访谈，2005年4月14日。

间或员工和客户之间的这种隔阂会阻碍工作效率。卢森堡将引发不愉快感受的经历称作礼物，因为这是一个机会，让我们每个人都认识到，一种未被满足的需要正在吸引我们的注意力，无论这些需要是我们的还是对方的。

| 自我同理的过程 |

看到或听到某些事情时也许会引发我们的一些需要。非暴力沟通把和自己的需要相连接的过程称为自我同理，也就是把注意力放在感受的变化上。一旦我发现看到、听到或想到的事情引发了某些感受，我便会：

1. 做出纯粹的观察。例如"当我汇报调查结果时，他的眼球转动了三次"，而不是进行评价、解读或评判，如"他不支持我"。

2. 明确我的感受。如果不确定，就猜测我当下的感受。愉悦的感受说明需要得到了满足；不愉悦的感受说明需要没有得到满足。在上面提到观察到眼球转动后，我可能感觉恼火或担忧。

3. 连接感受和需要。如果不确定，就猜测有什么需要可能得到了满足或未得到满足。例如在上面的观察中，可能我的需要是信任、尊重、理解或被看作有能力可以胜任。

4. 一旦连接到我的需要，我就可以对自己或他人提出请求。在看到对方眼球转动的情形下，如果我的需要被理解了，我可能会说："我想确认一下自己是否说清楚了调查结果。在场有没有三位愿意告诉我，到现在为止，你们从报告中听到了什么？"

图 3-1 展示了自我同理的流程图。

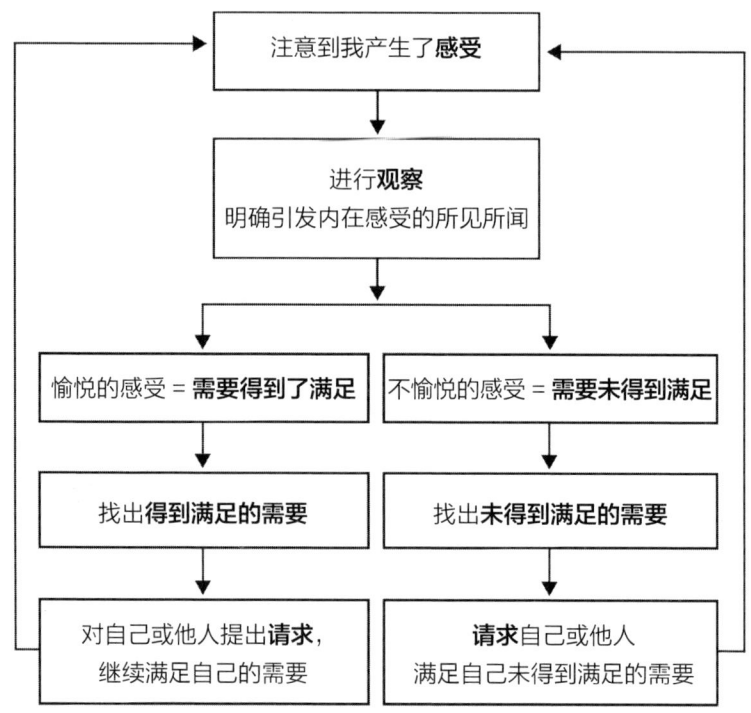

图 3-1 自我同理流程图

不带评论地观察正在发生的事情,会让我们更加明确可做的选择,也让我们在职场环境中拥有异常强大的力量。就像你在以下案例中看到的一样,当人们得知你无意批评他们时,他们会更乐意回应你。

几年前,我和一个由 15 名成员组成的高层管理团队开会。会上我就他们聘请我所做的事情做汇报，希望随后在战略规划过程中进一步讨论和参与。报告开始了大概 1 分钟后，我发现会议桌上有大约 1/3 的人并没有听我说话或看着我，而是在做别的事情——他们在看文件、签字、查看或回复电子邮件、用笔记本电脑工作，等等。他们中的一些人是决策制定者、总监或部门领导，在我发言前他们已经在做这些事情了。

我又继续说了几分钟，以为他们完成手头的工作后会很快听我说话并看向我。我能够同理他们的感受和需要，同理他们选择做手头的工作而不听我讲话这个行为背后的原因。如果我缺乏同理能力，不去想象他们在超负荷工作以及对新顾问有所顾虑或警惕，我很有可能会认为他们这么做是在批评我或我所说的内容。我可能会得出这样的结论：他们认为我不能胜任，不喜欢我的方法，不感兴趣，或是其他类似的答案。

几分钟后，我发现我的观察没有发生变化，参加会议的一部分人在我做报告时还在各自做着自己的事情，并没有听我说话或看着我（第一步）；我发现自己感觉很不自在，心神不宁（第二步）；我的需要是得到理解和为大家做贡献（第三步）；我开始想："好吧，我现在可以做什么呢？这样下去实在是在浪费双方的时间。"我和他们这个团队之前只见过一次，我不知道该说什么，但我很确定这样继续下去对他们没有什么价值。最终我决定开诚布公地告诉他们我的想法。我说："我发现你们当中有人在做别的事情，没有听我说话或是看着我。我想和大家分享一些我认为你们会觉得有用的内容。但是，现在我不太确定是否该接着分享。你们希望我继续吗？"（第四步）

敲电脑键盘和翻阅文件的人都停下了手中的事情。所有人都把头转向了我，几位总监摘下鼻梁上的老花镜看着我。之前听我做报告的几个人都屏住呼吸，看着我和没有听报告的人之间的互动。房间里安静得一根针掉下来的声音都可以听见。

几秒钟的寂静之后（对于某些商业领域的会议来说像是过了一个世纪），其中一位总监开口了，他说："好的，你想要说什么？"从那刻起，每个人都在聆听，并不同程度地参与了讨论。有意思的是，我想要分享的内容正是关于需要意识的，包括非暴力沟通中的个人需要以及我提出的整合式清晰架构里组织和团队的需要。

与他们为期12个月的合同即将结束时，发生了两件让我感觉自己备受肯定的事情。第一件事是，这个团队请求和我延长一个月的合约，以完成几项实施方案的讨论。对他们公司来说，延长合约并不常见，这需要最高层的特批。这个团队的成员如此重视我们之间的合作，愿意费心费力去申请合约延期，让我很受感动。第二件事是，原本对我的工作最为质疑的一位总监告诉我，当他看到我在会议中停下来，说了那些话后，他开始对我的方法产生了兴趣。他说我是他们请来的第三位战略顾问，他以为我和前面的顾问一样会让他失望。他对我在会议中的做法印象深刻，这赢得了他的尊重。我问他我的行为如何满足了他对尊重和真诚的需要，他告诉我，在他们的行业里，大家不会让自己变得如此脆弱。当我那么做的时候，他知道我和他们在一起时很真诚，这让他觉得很放心。而且他觉得那个时刻对团队里的所有人来说都很有力量。几个月后，他告诉我非暴力沟通让他在其他方面也很受益，不管是作为教堂里的志愿牧师还是和他17岁儿子的相处。

在这件事发生的几年前，我听企业顾问马歇尔·瑟伯的同事朱迪

> 💬 意图很关键。带着同理连接的意图并使用非暴力沟通的同理过程将会带来同理连接，从而促成更加有效的合作。

> 💬 带着同理连接，我们暂停下来，清空我们的想法，与我们内在的感受和需要连接。

斯·奥洛夫·佛尔克说过："脆弱是我们能够到达的最安全的地方。"感谢非暴力沟通提供的清晰的步骤，让我在那个充满压力的时刻有运用同理心的能力，并以一种不失专业的方式展现自己的脆弱。对我来说，非暴力沟通的四个步骤很容易记住，并且只要稍加练习马上就可以熟练地使用。能做到这一点，很大程度上是因为我清楚自己的目的。在当时，我并没有想将他们没有听我讲话就判定为他们"做错"了。我完全保持开放的心态，想找出对我们所有人都有用的方式。我相信他们在有人开口说话前的几秒钟里体会到了这一点。断章取义地说，我当时所说的话，有可能听起来像是批评或操控他们，但我并没有期待他们给我回应，或是答应我的请求。我提出的是一个真正的请求，它出自我的好奇心还有对我们的时间的珍惜，而不是伪装成请求的命令。

当我们得到一个否定的结果时，我们就知道我们提出的或听到的是命令而不是请求。这个结果可能是恼怒、评判或其他形式，表明"是"才是他们真正想要的。在我说那些话之前我已经做出决定，如果我的报告对他们没有价值，我愿意终止合同。为什么非要搬动一座大山呢？我看重我做的工作，也看重和需要这些信息的人一起工作。在愿意终止合同的意愿下，我自由地、以不带评判的方式和他们在一起，用这种方式我可以连接到他们的感受和需要，而不是去解读或评判他们。

如果我们与对方的感受和需要连接并设法为对方着想，是为了让对方去做我们想要他做的事情，那就不是同理心，也不是真正的连接，是我所说的操纵。同理心是我们在全然放空自己的状态下体会他人当下的体验。自我同理是指我们从纷纷扰扰的想法中暂停下来并清空它们，连接到我们的感受和需要的过程。当我们同理他人或进行自我同理时，我

> 如果一件事原本在生活或工作里相对来说微不足道，但是我们对这件事的反应超出了正常范围，说明我们有鲜活而重要的需要未得到满足。

们对连接后的结果保持开放，不对结果进行预设。我们简单地对同理连接的意图保持真实。

感受的强烈程度是线索

不让感受影响我们工作效率的另一种方式是，意识到感受的强烈程度与引发感受的事件之间的关系。如果一件事情在我们的生活或工作中本来微不足道，但我们的反应却超出了正常范围，我们可以猜测那个时刻有些需要很重要而且很鲜活，因为很小的事情就把它引发出来了。

举例说明。假设我正在给同事解释某件事情，我知道这样做对她有帮助，而且她之前问过我的建议。但我在解释的时候她不停地查看手机信息，她的注意力很明显不在我这里。我或许觉得她对我的话不感兴趣，就像那个高层管理团队给我的第一印象一样。和同事的互动过程让我有机会反省，更好地理解我的需要，并为了满足自己的需要而向我自己或对方提出请求。他人的行为仅仅引发了我内在鲜活的需要。如果我有责备她的想法（认为她不尊重我），如果我认为她要对我的需要负责，就错失了一次和自己的需要相连接的机会。另外，如果我能猜到她的感受和需要，我就能同时保持自己的需要和她的需要，这样做就能保持我们之间的同理连接。

当我使用更多的策略来满足自己的需要时，我发现自己产生不愉快感受的频率在慢慢降低，强度也在逐步减弱。当我的需要经常得到充分的满足时，我往往更能容忍那些引发我不愉快感受的言行。我对自己或他人的容忍度越高（无须付出任何代价），我就越是一位有价值的团队成

> 练习自我同理和同理他人使得我们可以和那些感受强烈的人共事，而自己的感受不会被触发，这对团队工作和客户服务都是有价值的。

员，因为我能够在不同的环境与场合中和各种各样的人共事。

例如，我的部分工作是为对某种情况感到愤怒或焦虑的企业老总、经理或员工提供咨询。对他们来说，提高嗓门或者说出很多在其他人听起来是"大吼大叫"或者"粗鲁不堪"的话语很正常。因为我实践着非暴力沟通，我不认为他们的言行是对我或我做的咨询服务的批判。我能够根据他们的言行猜测他们的感受和需要。

实践非暴力沟通的人更有能力与那些感受强烈的人合作。这种自我同理和同理他人的客观态度在职场中无论是团队工作还是客户服务，都是有价值的品质。

| 同理他人的过程 |

同理他人是指把他人的评判或反应予以解读，猜测对方可能的感受和可能满足的需要或未获满足的需要的过程。评判可能是负面的（"你真无能"），也可能是正面的（"你是我们有史以来最好的销售"）。

同理连接建立在猜测对方的感受和需要上，而非知道对方的感受和需要。这是因为，除非对方告诉我们，否则我们永远不可能真正知道对方的感受和需要。我们只能想象。回忆一下，以前你有没有跟别人说过"我知道你的感受"，得到的回答却是"你不知道"；或者你跟别人说"我理解你"，对方却告诉你"不，你不可能理解我"。同理心的首要目的是建立连接，我们要觉察自己是否在使用这样的话语。这样的说法可能会导致断开我们与他人的连接，阻碍我们体会对方当下鲜活的感受和需要。当用"我"作为句子的开头时，我们便把注意力从对方身上转移到了我们身上。因此，一个具有同理心的对话是要把焦点放在"对方"

> 同理他人的过程教我们去猜测他人可能有什么感受以及他们有哪些需要得到满足，哪些需要未得到满足。我们进行猜测，原因在于我们说"知道"或"理解"会使双方的连接减弱。

身上的。

在同理他人和自我同理之间需要一种平衡。如果你愿意，你可以在倾听他人与同理表达自己的感受之间跳舞，来保持我们与他人的连接。在后面我们探讨同理心应用时，这种平衡性会进一步涉及。现在让我们回到基本概念上。

从本质上来说，同理他人的过程和自我同理很像，唯一的区别在于我们不是在猜测自己的感受和需要，而是猜测对方的感受和需要。我们可以告诉对方猜测的结果也可以自己默默消化。在前面提到的高层管理团队的会议案例里，涉及的人都是我第一次见，而且在他们工作的环境里坦率而诚实地表达并不常见，于是我在心里默默地同理他们。以下是当我发现有些事情引发了自己的感受时，我同理对方的过程：

1. 做出纯粹的观察："他在阅读和签署文件，没有听我说话或看着我"，而不是进行类似"他不喜欢我做的报告"或"他真粗鲁"这样的解读、评判或评论。

2. 猜测他的感受。根据上面的观察，我猜测他可能觉得面前的文件让他头疼，也有可能对我这个新来的顾问有所警惕，或者对每周一次的管理会议感到不耐烦。

3. 我猜测他感受背后的需要：进展、清晰、希望、理解……

4. 我连接到自己的需要并猜测他们可能发生的感受和需要后，向会议中的众人提出了请求："你们希望我继续说下去吗？"

图 3-2 展现了同理他人的流程。

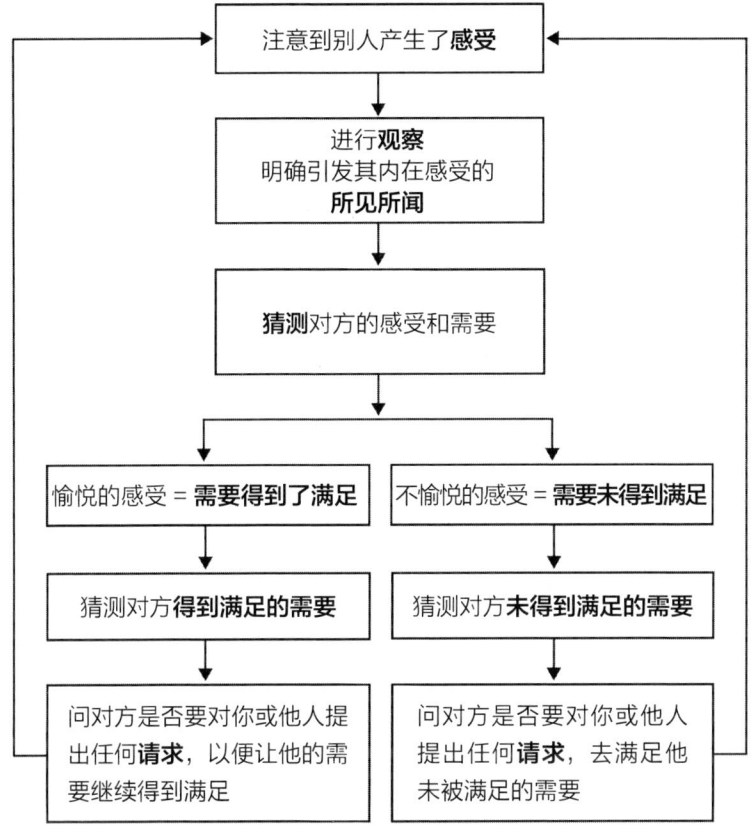

图 3-2 同理他人流程图

第四个步骤是提出明确、可行的请求，这让非暴力沟通在职场中创造和支持改变的力量具体化。我们将在下一章职场中应用非暴力沟通的讲解中继续探讨这个内容。在职场中带着尊重建立同理连接，能有效推

> 掌握了自我同理的人较少会被他人的言行引发情绪,他们更有能力清晰地看到核心的商业问题,把自己的时间和资源用在开发解决这些问题的策略上。

动策略的制定、市场营销、销售、产品研发和企业成功。[1] 根据我的经验,掌握了自我同理的人较少会被他人的言行触发情绪。他们更有能力清晰地看到核心的商业问题,并把自己的时间和资源用在开发解决这些问题的策略上。

例如,IBM 公司在 20 世纪 90 年代初期曾经陷入危机。当时 IBM 的首席执行官郭士纳实施了"熊抱计划","这是《财富》杂志选出的世界 500 强里最不善于流露情感的公司之一开展的一项同理心计划,从公司文化的角度看,这个名字非常适合。"[2] IBM 召开了一系列顾客见面会,让 IBM 最高层的 50 位管理者倾听顾客关心的问题,这是一次倾听,而不是销售。这种有组织的倾听直接解决了很多客户的问题,同时也出现了一些新的市场机会。

静默同理

我们不用说话就能够进行同理,这对职场来说是个很有用的概念。当我们通过猜测与连接对方的感受和需要,全心全意地体会对方的经历,甚至连接到我们自己的感受和需要时,即使一言不发,我们也能形成深入的同理连接。感受和需要的概念帮助我们把同理心的概念转化为明确可行的过程。根据我以前的经验,发现这就是非暴力沟通的美妙之处,也是它的力量所在。

---

1 Berry, "Empathy as a Key to Business Success," January 13, 2009.
2 Patnaik, "Innovation Starts with Empathy."

我听国际非暴力沟通中心认证培训师凯瑟琳·麦克斐伦讲过一个关于她的故事。她说有一次她在机场，大约30分钟后她就可以登机了。和她在一起的一个熟人当时心烦意乱，问麦克斐伦是否愿意在登机前的这段时间听她说说话。麦克斐伦想满足她的请求，也想在飞机起飞前吃点东西。于是，她们决定麦克斐伦边吃边听她说。

在边吃边听的过程中，麦克斐伦只是看着她，一句话都没说。但她在心里积极地倾听对方，然后猜测对方的感受和需要以及自己的感受和需要：哦，她的感受是这样的，也许她的需要是……我注意到我有点焦虑，想要相信在有限的时间里，我们的需要都能得到满足。

大约10分钟后，对方停止了说话，大声宣布："这是我经历过的最好的倾听！"她向麦克斐伦表达感谢，她觉得自己完全被倾听到了，感到心满意足。有人陪着她，为了亲身体会她的经历，安静地与她的感受和需要相连接，她的不适已得到改善。

| 反馈和改变的机会 |

不管我们的感受是否愉悦，自我同理和同理他人都会为反馈和改变创造机会。表扬是批评这枚硬币的另一面。表扬会掩盖我们得到满足的需要，评判也会掩盖我们未被满足的需要。

当表扬别人时，我们把自己得到满足的需要和对这个人的评价混为一谈。即使是积极的评价，也不如观察我们的所见所闻以及观察由此引发的我们的感受和我们的什么需要得到了满足更有价值。"你的演讲太精彩了！"这种称赞不如后面这句话提供的信息多："当我看到顾客写的评价时（观察）松了一口气（感受），因为它证实了我们希望顾客对新产品产生的反应（需要）。"将积极的评价转化也是连接和理解我们有什么需要得到了满足的重要机会。现在，演讲者肯定会在下次演讲中加入更多一字不差的评价，因为他听到了这些给至少一个人所带来的价值。

表 3-6 展示了同理过程与表扬和批评之间的价值差别。

表 3-6　作为职场反馈，表扬、批评与同理的价值比较

对演讲的正面评价	价值	关于演讲的同理连接	价值
"你的演讲太精彩了！"	低到中	观察： "我看到顾客写的评价……" 感受： "我松了一口气……" 需要： "因为它证实了我所做的市场研究。"	高

对演讲的负面评价	价值	关于演讲的同理连接	价值
"你不知道你在说些什么！"	低	观察： "我看到你采访了 3500 位客户中的 200 位……" 感受： "我觉得不安……" 需要： "因为我希望进一步确认我们和足够多的人谈过了。"	高

> 当我们清楚地告诉别人我们的观察、感受以及我们被满足的需要和未被满足的需要时，其他人就可以从清晰的客观反馈中得到了解。

当我们清楚地告诉别人我们的观察、感受和得到满足的需要，对方就可以从我们客观的反馈中得到了解。通过把表扬转化为感受和需要来表达，他们可以学习如何不断地满足别人的需要。反过来说，当我们把表扬当作感受和需要来表达时，我们就会了解到什么需要对自己来说很重要。有些需要也许会被忽视掉，直到被愉悦的感受激发，我们才会注意到。只有关注到这些需要，我们才能创造更多的策略来满足这些需要，知道它们对我们有多重要。

还有一个理由可说明非暴力沟通对职场的价值。我过去给各行各业大大小小的组织和团队做咨询时发现，各利益相关者，从客户到员工再到董事会成员，常常意识不到自己的感受，也常常被误解，在很多情况下，还喜欢掌控局面。非暴力沟通把这些问题表层化，使人们相互理解。下面的故事说明了这一点。

在《财富》杂志排在前50名的某国防工程承包公司任职的一位团队领导人收到几名直接下属的反馈，说他"管得太细"。他们的反馈内容类似"之前我们约定了每月汇报一次这个项目的进展，但你一个星期内让我做了三次项目进展报告"。或者"有人给我发邮件并抄送给你，在我还未回复邮件、处理本该是我负责的事情前，你就直接回复对方邮件了"。

有一次他参加面向管理者的教练课程时，这位团队负责人发现他对待下属的方式和他童年时的环境有关。在他小时候，他的妈妈生病了，他被迫承担了很多属于成年人的责任。为了满足安全感和可持续性的需要，他使用了掌控生活中所有细节的策略。这对他小时候甚至早期的职业生涯都很有帮助。但是现在他看到这种模式，尤其是他试图通过控制为需要命名赋予了我们与之连接的能力,并在此基础上提出请求以满足这些需要。

细节满足需要,已经在阻碍他成为一名经理人。通过识别这些需要,他现在可以发展出新的策略,既能满足自己的这些需要,也能满足团队成员自主和信任的需要。

这位部门经理说,这是他第一次知道要做什么,而非不做什么。如卢森堡所说:"你无法做'不该做之事'。"知道不做什么只能起到部分作用,知道接下来要开始做什么会更有帮助。

在整个非暴力沟通的过程中,对需要的意识和觉察是至关重要的。对需要的意识是把同理心转化为有步骤的行动的结构性基础。为需要命名赋予了我们与之连接的能力。与需要连接让我们更有能力找到满足需要的多种策略。给事物命名能够成为一种强有力的行动。当中国从英国手中重新获得香港的主权时,新成立的香港特别行政区政府采取的第一项行动就是把一些著名街道的名字从英文改为中文。这是为了满足表达自主权和建立新秩序的需要。开展社会正义运动的人非常了解名称的力量,特别注重为他们自己命名。

| 语言的力量 |

回到午餐之约的练习,一旦人们了解到将评判与感受和需要区别开来可以产生的力量,而且能够很熟练地做到,接下来通常要问的问题就是:在沟通中尽管我们意不在此,可为什么我们总是倾向去评判呢?这个问题的答案也许和英语语言的结构有关。再次引用本章开头时斯坦福大学心理学教授莱拉·博格迪特斯基所说的:"……我们使用的语言不仅反映或表达我们的想法,也塑造我们希望表达的真实想法。语言

> 英语会让说英语的人倾向于批判和指责。非暴力沟通可以帮助我们改变这种趋势。

方式对一个人构建现实生活有着深刻影响……"。[1] 例如，有研究表明英语语言结构注重因果关系，而西班牙语和日语则不然。博格迪特斯基指出："语言之间的这种差异深深影响了人们理解事件的方式、他们对因果关系概念的构建，他们作为事件目击者的记忆，也会影响他们责怪和惩罚他人的程度。"[2] 事实表明，说英语的人更容易去评判、指责和惩罚他人，因为我们的语言使我们更倾向于这种思维方式。非暴力沟通提供了一种改变这种倾向的方法，让职场更加和谐，并帮助人们提升工作效率。

我想讲一个关于高尔夫球和日语的故事，但首先我需要介绍一下背景。我在夏威夷的双语家庭中长大，家人说英语和日语，除了英语之外我也会说一些日语。如果我告诉你我是一名优秀的高尔夫球手（评价），你可能会更加迷茫，不知道我打得究竟怎么样。如果我告诉你我是一名技艺高超的高尔夫球手，虽然还是一个评价，但至少它表达了某种经验成就。那么，如果我告诉你我曾经三次获得参加美国高尔夫球协会业余锦标赛的资格呢？还有，如果我说在1997年，我是夏威夷最早参加美国女子业余锦标赛比洞赛的女子选手之一呢？这些是对事实的观察，这些信息不带任何解读。

现在你知道我是什么样的高尔夫球手了，我可以告诉你我的故事了。在下面的故事中，括号里的词汇指明了非暴力沟通的四个要素。

在开球打第一洞时，当我打出一记高飞球时，可能有人会用英语说：

1　Boroditsky,"Lost in Translation," p. 5.
2　Boroditsky,"Lost in Translation," p. 3.

"好球！"他看到的客观情况是高尔夫球从空中飞过（观察），同时把他觉得深受鼓舞的主观体验（感受）加诸其上，称之为"好"。如果我知道这是我本回合甚至十个回合中开球最差的一次，会怎么样呢？现在，当他说"再来一个"（请求）时，他和我会产生矛盾。他认为这个球"好"并深受鼓舞，也可能是想要支持我（需要）；我却一点也不认为这个球很好，我希望在下一洞的时候打出不一样的球。

在日本，当我打出同样的一记高飞球时，日语的说法就不同了。日语说"すばらしい"而不是"好球"。"すばらしい"翻译成英文的大意是精彩、很棒、太美妙了。但是和其他很多日语词汇一样，这个词同时也有表达感受的成分，所以这个词汇可以更完整地翻译为："看到球划过天空，我内心觉得很美好。"作为一种情境语言，日语不像英语那样经常把客观事件转变为个人评判。对于看到球从空中飞过时内心产生美好感受的人和在打球的我来说，我们之间没有冲突。对很多母语是英语的人来说，听到英语语言结构这个说法时，他们通常会松一口气，因为这种说法让他们为他人着想的需要进一步得到了满足。我有时候会听到人们说："哦，这解释了部分原因。我没有意识到英语是很具评判性的语言。看来不只是我在评判别人。"早在我看到博格迪特斯基的研究前，我就知道日语比英语的评判性弱。在我的客户工作组中，很多使用西班牙语的人说西班牙语也一样。

| 在非天然环境中展现天生的能力 |

同理能力是我们与生俱来的一种能力，这是我们作为社会属性的一种基因。我喜欢说非暴力沟通不是让我们去学习同理心，更像是重新记

起它的存在。卢森堡把同理心称作自然反应。他说很多从来没有听说过非暴力沟通的人也能够很自然地使用非暴力沟通。因此,卢森堡的工作实际上是深入思考并清晰地展现了一个自然而然的沟通过程,而不是发明了某种新的沟通方式。商业战略专家兼作者戴夫·帕特奈克在他所著的《谁说商业直觉是天生的》一书中提到,我们"天生有关心的本能"。[1] 他在一篇题为《创新始于同理心》的文章中解释说:"尽管我们的神经系统非常复杂,可以探测到他人可能会有的感受,但我们已经创造了一个商业世界,正努力消除最人性化的商业元素。公司系统化地削弱了人们天生的与他人连接的能力,削弱了我们去关心他人的冲动。公司做出的决定纸面上看起来很好,但在现实世界里实施的时候却会给人带来真实的伤害。"[2]

埃默里大学心理学教授兼生命联结中心主任佛朗西·戴威尔在他的著作《同理心时代:大自然对幼稚社会的教训》中提出:"同理心是一种自然反应,我们几乎无法控制它。"[3] 换句话说,我们的天性就是彼此关心。那么,为什么同理心在商界被认为是一个陌生的概念,而且被认为是领导力的一种"软"属性呢?

卢森堡提醒我们:就像鱼无意识地适应着在水里的生活一样,人类几千年来一直生活在自上而下的统治之中。除非我们有意识地停下来思考,否则我们很难看到这种"生存环境"的影响。在这种社会体系下,少数人掌握了大部分的资源和权力。因此,为了满足秩序和稳定的需要,

---

1 Patnaik, *Wired to Care: How Companies Prosper When They Create Widespread Empathy.*
2 Patnaik, "Innovation Starts with Empathy."
3 de Waal, *The Age of Empathy: Nature's Lessons for a Kinder Society*, p. 43.

这种体系限制了大多数人的自主权和选择。当然，如果没有明确的体系保障社会秩序，社会将变得混乱。我们会看到国家陷入无政府的混乱状态，并给人们造成痛苦和焦虑。然而，这样的体系无意识地促使我们与自己的感受和需要割裂。为了维持秩序和稳定，我们没有任何质疑地去遵守已经制定好的规则。任何一个从中学、大学毕业或不在监狱里的人在某种程度上都遵守着制定好的社会规则。但是那些因为"这是该做的事情"去上大学，但其实更想去做别的事情的人呢？还有一些人，虽然没有进监狱，却丧失了自主权或生活的意义，为了抑制由此产生的愤怒或绝望，他们染上了酒瘾或毒瘾。由于我们的社会规则意识大于需要的意识，许多人最终有意或无意地与他们的需要断开连接。平静的表面下麻烦开始酝酿。

是的，当人们开始变得有感受和文化需要时，革命就会发生。作为人类，我们最基本的需要之一是自主的需要，也就是选择自己想要的生活方式。当我们与自己的需要连接后，自然而然就会产生请求和策略去做出改变。改变是有益的，有时也是必要的。

组织和团队正在努力平衡成员与整个系统的需要。从哪里开始呢？我们可以从学习兼顾人类共通的需要和组织或团队共通需要的同理心语言开始。我们要知道所有的需要都很重要，而我们的目标是让所有的需要都得到满足。因此我们可以在满足尊重、和谐和高效的需要的同时取得工作进展。

| 化同理心为行动 |

从非暴力沟通感受和需要的概念去看职场同理心的研究，会更加容

易理解，因为我们能够将研究结果转化为可以具体实施的行动模式。以创意领导力中心的一项调研结果为例。[1] 根据该中心的标准，他们发现，在用变革来管理组织方面最优秀的领导者均有两项特质。我先列出研究结果，然后从非暴力沟通的角度解释其可行性。

1. "他们擅长真诚、主动地沟通。"那么，如何做到"真诚、主动地沟通"呢？通过与我们的感受和需要相连接，然后使用观察、感受、需要和请求这四个要素与人沟通。通过这种方式，我们如实地展现自己，让别人感到我们"真诚"。我们也时刻留意内心的变化，或者用非暴力沟通的语言来说，时刻留意我们内在"鲜活"的东西。这样，我们更有可能变得积极主动，觉察到一些需要我们注意或采取行动的事情。

2. "当他们与别人沟通时善于聆听，也善解人意；尽管变革可能会带来痛苦，他们也愿意清楚地阐明变革的原因和必要性。"我们如何做到"善于聆听"呢？当倾听者猜测说话人的感受和需要，体会对方的想法，始终与说话人同在时，被倾听的体验品质就会很高。无论倾听者用语言回应对方还是保持安静，这都是一种"设身处地为他们着想"的实用方法。清楚地阐明"变革的原因和必要性"意味着阐明正在进行的变革将会满足哪些需要。这样的话，即使人们不赞同变革的策略，需要的意识也仍会保持。

在第四章，我们将探讨团队和组织是如何拥有共通的需要的。组织的需要和人的需要相分离，却又相互关联。非暴力沟通使同理心在满足个人需要方面具有可操作性，并可融入满足组织需要的过程中。

---

[1] PR Newswire, "Survey by Center for Creative Leadership Shows 'Soft Skills' Make a Difference in Tough Times," January 14, 2002.

> 深层次的同理连接和真正的慈悲不是做个老好人；相反，人们在相互连接的基础上提出请求，影响事情的发展，进而获得想要的结果。

| 创造职场中的同理连接 |

常有人在刚接触非暴力沟通的时候怀疑非暴力沟通是否可以在职场中应用。他们误以为同理心就是软弱无力或者放任自流。然而，我们必须知道：深层次的同理连接和真正的慈悲不是做个老好人；相反，人们在相互连接后提出请求，影响事情的发展，进而获得想要的结果。

艾克·拉萨特能够理解很多人一开始对非暴力沟通能否适用于职场产生的质疑。但他看到这些人在见识到非暴力沟通产生的效果后，质疑都消失了。艾克是一名律师，他跟随马歇尔·卢森堡学习非暴力沟通。在了解了它的威力后，他开始在波兰、澳大利亚和美国等地进行非暴力沟通冲突调解培训。在他写的《非暴力沟通·职场篇》一书中，艾克说："我们在工作场所中通常会产生一种错觉，以为人与人之间是分离的，而且彼此之间的交往是有某种礼节的，因此更强化这方面的信念，使得我们的行为更加保守拘谨。但在非暴力沟通工作坊中，我却一再目睹人们在进行深层次的自我同理与静默同理时会发现，他们在职场中可以说的话其实并没有这么多的限制。我想，甚至那些初到工作坊时认为自己绝不可能在职场中运用非暴力沟通的人都开始看到：无论在职场中还是在其他地方，人就是人。"[1]

当我们通过需要的意识看待职场中的人和事，我们可以选择从我们自己的人性出发，与他人的人性相协调。在本书下一部分"化同理心为行动"中，我们将深入探讨以下关键理念的实际运用。在职场中创造同理连接，我们须记住以下几点。

---

[1] Lasater with Stiles, *Words That Work In Business: A Practical Guide to Effective Communication in the Workplace*, p. 111.

1. **人们行动的目的是尝试满足自己的需要。** 即使他们表达未得到满足的需要的方式会引发我们的痛苦或不适，但他们的表达更多还是为了满足自己的需要，而不是为了批评或伤害我们。我们也许真的不喜欢或无法认同他们满足需要的策略，但必须承认他们是为了满足自身需要而采取行动。

至于我们如何理解他人的表达，更多地和我们自己的需要有关。别人的话语只是引发了我们的需要，带来愉悦或不愉悦的感受；但他们说的话不是引起我们感受的根源。若我们可以猜测人们行为背后的感受和需要，在我们之间就能创造一种同理连接。当我们猜测自己的感受和需要时，我们就是在进行自我连接或自我同理。当我们进行自我同理后，我们就有可能接受一些看上去或听起来令人难以接受的事情。对于领导者和团队成员来说，这是一项核心技能。因此，我将在本书第二部分的开篇也就是第五章"如何提升自我效能"中，更完整地加以讨论。

2. **冲突会发生在请求或策略层面，而不会发生在需要层面。** 例如，一个五人团队想要找个地方开度假会议，如果每个人都开始各自提出具体的地点，他们之间很有可能会马上爆发冲突。如果一个人建议去Ａ地，另一个人可能会说"我不喜欢Ａ地，因为那里没有直达的航班"这样的话。但是如果团队成员首先意识到选择度假地想要满足的需要，例如具体的意图和需要度假地有哪些设施等，他们就更有可能达成一致。例如，一个成员也许因为有直达航班满足他便利的需要而建议某个目的地。另一个人可能就性价比的需要提出建议。然而，由于户外活动也是度假的一部分，第三个人可能建议自然环境。如此一来，需要清单就会指向一些度假地点。这些地点就是满足团队成员需要的策略。由于我们多半习

> 由于我们多将关注点放在决定策略上,而不是先考虑需要,所以这个世界和我们的职场会产生很多不必要的冲突。

惯了先关注策略,而不是从需要的意识出发,所以这个世界和我们的职场才会存在那么多不必要的冲突。

3．**我们永远不可能完全了解另一个人正在经历或者经历过的事情。我们只能想象或者猜测**。如前所述,猜测或想象他人的感受和背后的需要,比起知道或理解他们所经历的更能让双方产生进一步的同理连接。因此,除非对方直接把他的感受告诉你,否则,当你说"我理解你的感受"或"我知道你有什么感受"时,实际上可能会削弱双方的连接。猜测对方的感受或是在不假设自己知道的情况下默默猜测这个人的感受以及与之相关的需要,对方会认为你更有同理心。

4．**即使我们用同样的词来描述同一种感受,但感受在每时每刻都是崭新的**。今天我为了某事感觉难过或兴奋,也许过几秒钟感受就完全不同了。我们和他人的感受都在不断发生变化,与感受相关的需要也是如此。因此,重要的是每个时刻的感受都是新鲜的,我们不想当然,也不执着、不比较每个时刻的感受,不比较每个时刻的行为。将一个人的行为与别人的行为进行比较,或者与他本人在不同时刻的行为比较,都会让对方难以接受。"我不会像你对待我那样对待你"这样的语句只会让人与人之间产生隔阂,不会带来同理连接。同理心的做法也许是猜测:"你觉得受伤吗?想要别人知道你喜欢别人怎么对待你吗?"

5．**除非我们自己的需要先得到某种程度的满足,否则我们没有能量进行同理连接**。因此,对客服人员、经理及领导进行的相关培训,以及面向员工和经理们的度假会议和其他支持性活动都非常必要而且有很高的性价比。之前提及的很多研究表明,如果组织或团队中有相当一部分人的需要未得到满足,总体的工作效率将不容乐观。

6. **先同理连接，再进行说教、解释或者辩解。连接—思考—行动。**你有没有过以前在参加某个会议时发现有的人听你说话时，只是为了借题发挥，说他自己想说的内容？非暴力沟通把没有事先询问或了解别人是否感兴趣，就直接告诉对方一些可能对他有价值的内容的做法，称为"说教"。当我们只听到对方说一些内容或情况，而没有听到语境，也就是表达背后的感受和需要时，这就是一种"解释"。当我们在内容层面为某件事情辩护时，称为"辩解"。根据我的经验，在对方感到被倾听或理解前，任何形式的说教、解释、辩护或辩解都会使双方疏远而非产生连接。因此，在我开始与他人分享信息前，我喜欢问问他们我解释一些信息是否对他们有用。若他们没有准备好听我分享，他们有可能需要理解、表达或更多的信息等。这是我和他们的感受和需要相连接的线索。当他们准备好听我说话，他们可能会暂停或者停止讲话，这样我就知道他们现在愿意听我要讲的话了。很多次人们告诉我："现在我准备好听你说了。"

7. **在建立同理连接时，说话人承担沟通的责任而不仰赖听者的理解，不让对方有负担。**因此，询问对方"我说清楚了吗？"比"你明白了吗？"更能建立连接。很多和我一起工作过的人告诉我说，当有人问他们"你明白了吗？"或者"你听清楚了吗？"会让他们想起小时候，当老师或父母这么问的时候，他们别无选择，只能回答"是"。

我为通用公司的一个部门做咨询时，为他们的客服代表做了一些沟通培训。培训的基本原则与非暴力沟通的许多关键概念一致，包括这一项。想要与客户创造连接，首先要把沟通的重任放在客服代表身上，而非客户那里。所以，如果客户对某事不清晰，绝不是因为他们不理解，

> 💬 同理心真正的目的是找到策略并采取行动满足更多的需要,而不是让人感觉好一点或者感觉被听到。

而是因为客服代表说得不够清楚。培训强调每次与客户沟通时要搁置对客户的评判或评价以及这样做的价值。任何给客户贴的标签,比如"满腹牢骚""不近人情""怒气冲冲""焦躁不安",只会让我们与想要建立连接的人产生隔阂。而众所周知的是,企业的成功依赖于客户。

8. 同理不是同情。在同理对方时,我们把注意力集中在对方身上,猜测他们的感受和得到满足或未被满足的需要,而不是谈论我们在类似情况下的经历。"你觉得担心,因为你需要新项目有所进展是吗?"和"哦,没关系的。你应该已经看到我们以前很多次都是这样的,总是回到原点。"这两句话,前一句让人觉得更有连接感。你有没有遇到过类似的事情:你在和别人分享发生在你身上的事,而对方开始谈论他自己?你可能会觉得充沛的注意力从你和你的经历上被拉走,这会削弱甚至断开你们的连接。

9. 与感受和需要相连接是强有力的。但是,同理心真正的力量来自:第一,需要未得到满足时,促使改变发生的策略和请求;第二,持续进行让需要得到满足的行为。同理心真正的目的是找到策略并采取行动满足更多的需要,而不是让人感觉好一点或者感觉被听到。所以,连接需要和感受是提升工作效率的切实可行的途径。同理连接产生具体明确的行动,有助于满足个人和组织的需要。

10. 在职场中,与自己的同理连接(自我同理)以及同理他人(同理心),都发生在组织和团队共通需要的背景下。这些团队的需要是大家共同的需要。这些需要决定了工作环境中团队成员彼此连接的品质。我们创建我们的组织,组织的身份、目标和价值观又反过来影响我们每一个人。

******

本章介绍了非暴力沟通的四个步骤以及同理过程的原则，第四章我们开始探讨组织或团队共通的需要，以及需要的意识如何支持发展有利且有效的策略，以实现组织和团队的成功。

第四章

将基于需要的意识融入职场

倘若人生毫无意义，你也不可能有伟大的一生。
如果工作毫无意义，那么人生也很难有意义。
如果你知道自己曾经为创造一项真正卓越的事业尽到了绵薄之力，
你可能会获得一种罕有的宁静感。
事实上，你也许会获得最深层的满足：
回首往事，自己并未虚度年华，此生无憾。[1]
——吉姆·柯林斯（《从优秀到卓越》）

你是否经历过与你的团队或部门有过合作与共鸣？你与他人和你所在的组织的连接是否让你充满活力和成就感？就像非暴力沟通通过对需要的觉察，使我们更加理解与自己和他人的关系一样，整合式清晰架构也让人更加理解自己和组织或团队的关系。

组织可能是复杂的系统。如果没有某种地图帮助我们看到它的全貌和它的运作方式，我们就缺乏参考架构来帮助我们理解整个组织以及我们在其中扮演的角色。同样，如果我们不是完全了解所在组织的目标和发展方向，我们可能会感觉孤单或以为自己被孤立了。这样一来，与他人共同朝着同一个目标努力的需要就没有得到满足。

---

1 Collins, *Good to Great: Why Some Companies Make the Leap . . . and Others Don't*, p. 210.

组织里的人越多（甚至包括相对较小的团队），组织成员之间的空间和时间距离就越远。如果我们面对面说话，你说的话我马上就听到了，没有时间上的延迟。但是，如果你和另一位组织成员谈话，而我没有在场，没有第一时间听到，我可能要花几个小时甚至几天才能得知你们的谈话内容中涉及我的部分，或者永远都不知道。团队或组织中的人员越多，关系就越复杂。这种复杂性是以几何级数而非算数级数增长的，就像这样：

2个人 = 3种不同的关系（每个人与自己的关系 + 两人之间的关系）

3个人 = 7种不同的关系（每个人与自己的关系 + 3种一对一的关系 + 1种整个团队的关系）

4个人 = 15种不同的关系（每个人与自己的关系 + 6种一对一的关系 + 4种三人一组的关系 + 1种整个团队的关系）

因此一个15人的团队或部门就存在几百种关系组合。当我向各工作团队分享这种复杂性概念时，大家多少都会觉得松了口气。他们终于理解为什么团队会出现比预期更复杂的关系和更多要考量的因素。

如果没有一个架构让我们了解这些关系，我们可能会觉得孤单，觉得自己和团队整体脱节，甚至与我们自己脱节。在组织情境中，我们可以把关系或沟通分为三个层面，如图4-1所示：第一层是我们和自己的关系；第二层是我们和他人之间的关系；第三层是我们和整个系统，即与组织或团队的关系。第三层也是组织与外部客户和顾客之间的重要关系。

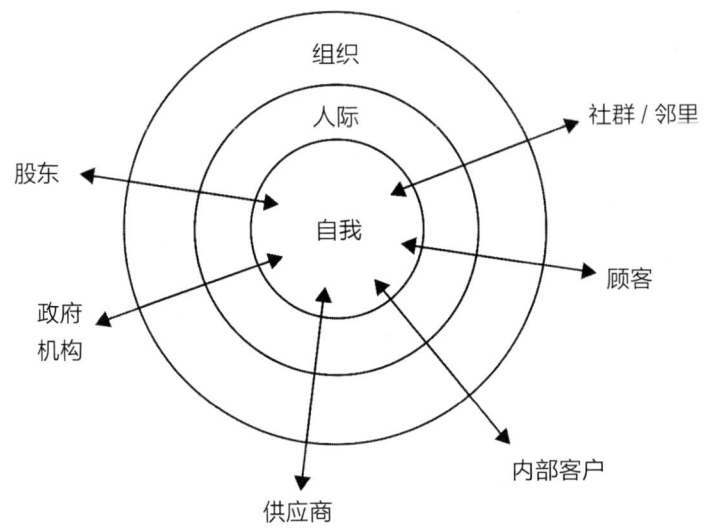

图 4-1 组织沟通的三个层面

表 4-1 对这些层面的内容加以解释,并且指出了我们如何在各个层面应用整合式清晰架构,来提升沟通的品质并满足需要。

表 4-1　在组织各个维度中应用整合式清晰架构

层面	关系描述	应用整合式清晰架构
自我关系	我们的想法——我们和自己说什么	日记、一对一指导、执行教练（帮助发现想法/感受/需要）、自我探索和静观
人际关系	我们跟别人说什么，我们认为别人跟我们说了什么	引导、调解和解决冲突，确认对方说的就是自己听到的内容，人事审核，团队流程，可操作的沟通
与组织的关系	我们认为组织数据在告诉我们什么	进行关于规划架构的战略沟通，组织需要数据表、普及、整个系统流程

对于在组织里工作的人们来说，从个人层面开始意识到自己的需要并找到满足需要的方式非常重要。例如，如果团队领导者们的核心需要一再被触发，未被满足的需要带来的内心痛苦会让他们难以体会和顾及别人。同样，如果领导者关注到了团队成员的需要，就能设法满足这些需要，进而提升生产力。下面是一个恰当的例子。

我曾帮助某个企业的管理团队开发一种更高效的会议方式。这个团队的15名成员都曾经告诉我，他们的会议让人筋疲力尽、沮丧不已。通常情况下，他们团队的周例会都需要至少两个小时，而且每个人都想谈谈自己负责的领域和关注的问题，所以会议时间经常延长为长达三个小时，变成马拉松式的会议。更糟糕的是，周例会是每个周一早上要做的第一件事情！

当我主持会议时，我发现有一位女士没有发言。我问她是不是我做了什么引发了她的沉默（这样也让我自己的需要变得清晰）："南茜，我发现你这次说话不如以前多。我很好奇，是不是我主持会议的方式让你不想参与讨论？"

南茜解释说当天是她先生的五周年忌日，因此她有些情绪。团队成员听她讲过之后，陪她又坐了大约5分钟。之后她精力充沛，全身心地投入会议中，脸上也有了笑容。后来，几位团队成员表示，自己为团队里的成员做了一件对双方都有意义的事情，他们也觉得振奋人心。如果我主持会议时忽视她，默默地评判她，甚至指责她不够投入，我们就错失了一个增强团队连接、提高个人效能的机会。

我一次又一次目睹了人们在感受和需要的层面建立某种连接时会释放出更多的能量，会提升工作效能，为团队做出贡献。大家知道识别和认可彼此的感受和需要，就可以缩短会议时长，让会议更有意义和成效。会议比任何人想象的都要更冗长拖沓的大部分原因是，当团队成员听到或看到客户数据或运营数据时，他们无法清晰地表达自己的感受和需要。进一步来讲，若他们更清楚如何做到表达自己的感受和需要，并提出强有力的请求提升人际效能和团队效能，这对整个系统的战略规划都大有益处。此时，因为组织基于需要提出策略，这些策略会截然不同。它们也许不再是和组织的关键需要没有连接的、支离破碎的解决方案和策略。

（案例中的人名为化名。）

看到识别个人需要这样一个简单的动作就能让整个局面发生转变，

这让我很振奋。在本章，你还会看到在不同的情境中识别和满足人与人之间的需要以及组织的需要所带来的巨大改变。我们经常忽视这些潜在的驱动力。

| 组织中为何存在诸多沟通问题 |

在给团队成员和领导小组做咨询时，我喜欢从谈论此内容开始我的工作：我们当前所认为的组织作为社会创新来说是较年轻的。欧洲和北美的工业革命兴起于 18 世纪末至 19 世纪初期，距今仅仅几百年。想一想从那时起到现在发生了多少变化！对于如何在组织中工作，大家的理解还处于起始阶段。听到这些后，人们往往感到惊讶。我们假设某人"应该"知道或者我们自己"应当"知道如何运营组织，这是有些人在职场中经历了超乎想象的挫折的原因之一。

我们与不同的人或团队之间合作不顺利和沟通困难还有另外一个原因，大家听到时也觉得很惊讶。我们都在完全不同的家庭中长大，而家庭是我们生命中的原生"组织"。在一个家庭中表现尊重的特别行为可能在另一个家庭中有完全不同的解释。让我们来看一个在组织中如何发挥作用的例子。

我在协助组织或团队确定行动步骤前设置了一个评估环节，在这个环节，我会与核心员工或者经理进行秘密会谈。有一次，我和一位非营利性机构的新任经理谈话，他的声音听起来有抱怨之意："每天早上我准时 8 点上班。几分钟后，我的老板（执行总监）就走进我的办公室，开始讨论当天的工作任务。"

这时，我发现他的表情恼怒不安，而且他看着我的样子，好像我应该知道他为什么不高兴。我继续听他说下去，不清楚是什么在困扰他。对我来说，他刚刚描述的好像是很多办公室里常见的场景。

随后他说："你没明白吗？她从来不对我说'早上好'。她只是走进我的办公室，直接开始说她今天想让我完成什么任务。"

我恍然大悟。现在我很清楚是什么在困扰他了。他停下来看着我。于是我说："听起来对你来说互道早安特别重要。你以前跟她提过这对你多重要吗？在她开始和你讨论工作任务之前，你是否问过她愿意先说一句'早上好'吗？"

"没有，"他回答说，"她这样很粗鲁。她应该知道怎么做更好。"

听到他的话，我默默地猜测他的感受和需要。在工作场合里，我喜欢与一个人第一次见面时先静默同理他，直到我觉得对方愿意进行语言上的同理或者直到我与对方相处更加自在的时候。据我过往的经验以及前面几章所讨论的，不用语言表达的同理心仍然是具有变革性的并拥有强大的力量。最初，我猜测他感到受伤，他希望听到她说"早上好"，他的需要是尊重。现在当我听到他说他不愿意去要求他想要的，是因为他认为"她应该知道怎么做更好"，我猜他对就他想要的这件事提出要求感到很谨慎，他需要连接和理解。

他不愿意和我探讨请求上司说一句"早上好"的可能性，这让我感到失望；但他知道了自己可以做出不同的选择，这让我很欣慰。因为每个工作日早上都会发生这件让他恼火的事情，我猜测他为了满足自己内心安宁和尊重的需要，会在三个月内离职。四个星期后他就走了。他通过这样做，选择了去其他地方工作的策略来满足他的需要。但是他从未

> 非暴力沟通和整合式清晰架构让人们培养个人和组织基于需要的意识，也让个人和团队为满足这些需要而承担相应的责任。

提出任何请求就离开，失去了让执行总监为满足他的需要做贡献的机会，这个机会对她来说可能也是一份礼物。

这种交流属于与他人互动的范围。它清楚地表明，如果人们不知道你的需要是什么，就无法回应你。同样，如果组织的需要没有明确的定义，人们也无法做出响应。也许我们倾向于不去定义我们的需要，因为我们受到的教育让我们相信提出自己的需要和感受是不专业的，在职场里是不应存在的。事实上，所有的人都有感受，也有共通的需要；组织也有需要，如果得不到满足，就会让组织走向消亡。因此，觉察到我们的感受和需要并表达出来，对我们是有好处的。理解并轻松地运用非暴力沟通和整合式清晰架构的流程和语言也很重要。否则，人们可能把你的行为解读为某种技巧，而不能体会到你潜在的意图是与他们建立有意义的连接。

当使用知识和技能时，非暴力沟通和整合式清晰架构会培养个人和组织基于需要的意识，也能让个人和团队为满足需要承担责任。我发现，一旦需要清晰明了，请求和策略就会出现。

| 需要和请求，而非命令 |

整合式清晰架构帮助组织建立以需要为导向的组织文化，并让职场中的人能够对自己和别人的需要，尤其是团队成员和客户的需要产生同理心。不是"我说了算，一切按我说的做"，而是"让我们一起来做"。使用需要和请求的语言方式，比命令更加有效。为什么呢？因为若我们觉得自己被命令，我们便会无意识地（如果不是有意识地）启动"抵抗

> 我们无意识地（如果不是有意识地）抵抗命令，会造成工作效率的下降。需要和请求的语言不太可能引发"抵抗命令"的循环，且有很大可能提升工作效率。

命令"的循环。这是人类植根于自主权这一需要的自然反应。若组织中的人们认为没有达到绩效指标时会被指责或惩罚，他们便会把别人的请求或策略当作命令。"抵抗命令"的循环极其没有工作效率，也会把组织的资源消耗殆尽。

虽然在我们看到别人对我们说"不"做出反应之前，我们永远无法判断一个请求是否真的是一个命令，但说出请求背后的需要更有可能让人把所说的话当成请求而非命令。体会一下下面两句话带来的不同感受："下午 4 点以前完成报告并上交。"（提出请求但没有解释需要。）"我没有在你的销售计划里看到统计数据（观察），我希望明天的演讲里用到这些数据（需要）。你能在今天下午 4 点之前交给我吗（请求）？"如果人们感知到拒绝别人的请求将会给自己带来某种后果，就很可能认为这是命令。这里所说的后果或许只是简单到扬起眉毛或者不耐烦地长叹一声，也可能严重到有丢掉工作的风险。更常见的是，如果你当着别人的面向对方提出请求，而请求的方式满足不了他得到尊重的需要，可能对方会觉得尴尬。话语隐含的目的通常比话语本身更重要，这也说明了为什么我们听到不同的人说相同的话时会产生完全不同的反应。他们的意图、我们和他们打交道的经历以及我们自己的经历，都会有助于我们去理解职场中所听到的话语。

请注意，我们在和别人打交道的过程中建立的信任和连接越多，我们就越有可能把他们的"命令"当成请求。我在自己家里体会到了这一点。

我的父亲在夏威夷檀香山一个混乱的街区长大，那时正处于殖民时代。成年后的他非常沉默寡言。但正因为如此，说话这件事对他而言意义重大，他也不喜欢跟人寒暄客套。像我成长过程中接触的其他亚洲人和夏威夷本地人一样，他觉得说话太礼貌的人让人生疑，显得为人处世不够真诚。和他相处时，想要什么就直接说，有什么想法也直接表达。他认为这是在表示尊重，而"请"和"谢谢"可能只是空洞的语言表达习惯，或者只是出自一种"看起来不错"的愿望。

每当我探望父母后打算开车离开时，我父亲总是陪我走到车旁，站在我车门旁边笑着跟我说："别撞了我的车。"他的车就停在我的车后面。我知道这是他说"我爱你，下次见"的方式。我学会了不去拘泥于他的用词，而是去倾听到言语背后的意图。

那么，请求和命令的根本区别在哪里呢？命令是通过让人恐惧、内疚、羞愧或惩罚等手段，迫使人们有绩效产出。而请求则是让人通过与别人和组织的需要连接，自愿采取行动。请求比命令可能产生更高的效能，影响也更持久。

自我同理能够带来赋能和选择

在自我关系、人际关系以及与组织的关系这三个层面上的沟通，是各自分开的。不要让别人按你说的去做，成为你想要他们成为的样子，或说一些你想要听的话。你可能会想："但是，如果真的有些事情必须让对方去做，必须去命令呢？"也许你可以考虑先同理自己的感受（担忧）和需要（责任），然后再对他人提出请求。

在与自己连接时，通常会出现两种情况。第一种情况是，在连接到我们自身的需要后，我们便会发现我们可以有更多的选择，而不是"必须"做什么。当我和管理者们与员工们一起工作时，当他们对自己未被满足的需要感觉轻松自在时，与他们心神不宁或匆忙时提出的解决方案截然不同。当我们连接到"应该"这种想法背后想满足的需要时，赋权和一种选择感随之而来。例如，一位客服代表选择了遵守规定而不是满足顾客提出的要求时，她可以告诉自己说："我选择这么做，是因为重视这份工作给我的生活带来的安定（需要）。"她也可以跟自己说："当初接下这份工作时，我和公司就我须遵守的工作职责达成了协议，我没有权力或资源可以满足顾客提出的要求。"明确自己所做的选择后，她就不会有无能为力的感觉，也清楚自己在哪些事情上可以做选择，哪些事情上不能。比如说，她可能更乐意去询问有权力和资源的人，是否有方法可以满足顾客的要求。

与我们的感受和需要连接给我们带来一种觉察，而这种觉察正是取得管理变革成功的基础。促进组织变革的其中一条基本原则是：帮助人们在经历变化的过程中分清楚哪些可以改变，哪些不能改变。通过这种方式，大家把精力和资源放在有能力和自主权去改变的事情上，而不是耗费力气去做徒劳无功的事情。在第二章里我们提到，威廉·布里奇斯认为变化是外在发生的事情，而转变是一种内在的过程。与我们的感受和需要相连接是参与这种内在过程有力且系统的方式。

第二种情况是，当我们能够对自己未得到满足的需要进行自我同理时，就不太可能把自己的请求当成命令。进一步来讲，我们更有可能从基于需要的意识出发，包括我们自己的需要和他们的需要，选择合适的语言提出请求。"不得不"的这种能量会消散。每天，我们在工作场合都能听到类似这样的话:"我知道现在是周五下午4点了(观察),我很遗憾没有在这周早些时候来找你(感受),下周一早上我要向战略计划小组做报告(关于'方向'的组织需要),报告中需要用到一些销售数据(需要),你愿意考虑在这个周末把这些数据给我吗(请求)?"请注意,请求与未来的行动无关,它只关乎当下的意愿。进一步说,这个意愿不是做这件事本身,而是考虑做这件事。这样的话,提出请求的人在请对方满足自己需要的同时,也会考虑对方的需要。

如果对方回答说"我还没有一线销售的完整数据",你也许会猜测对方在说没有你要的所有数据时会感到紧张或焦虑。因为不太清楚对方话语背后的需要,你可能会问对方:"你感觉不舒服是因为你想给我完整的销售数据是吗?"如果对方的答案是"是的,我不想让你展示不完整的数据",你可能会回答说:"如果有人帮你一起整理数据,你觉得会有帮助吗?"

最后,如果有时候必须提出命令而不是请求,要对此保持透明。解释清楚为什么你认为对自己提出的事情没有太多选择,并尊重对方的选择。记住,无论何时,只要别人因为害怕、罪恶、羞愧或者受到指责而答应做某事,我们都会为这条昂贵的捷径付出代价。如果别人不是因为想要达成双方共同的目标或满足你明确表达的需要去做我们让他做的事情,而是因为我们命令他那么做,同时他担心如果不做会给他带来一些不良后果,那么,他的生产力就会降低。

我为之提供咨询的一家公司的总裁对此颇有感触。在学了一段时间的非暴力沟通和基于需要的意识后,他听说了公司的一位员工和经理之间发生的事情。公司的前台已经在公司工作了五年,大家都知道她每天上班都很准时,而且她在本职工作外经常做一些额外的事情,例如在离开办公室前清洗餐厅的碗碟等。大家对她的工作表现很满意。但是后来有几个星期,她因为家里出了一系列意想不到的问题,所以有三次到岗时间比平时晚了一些。她的顶头上司没有去和她沟通了解她生活中发生了什么才导致这些,而是直接批评了她的工作表现。他在她的人事档案里放了一封正式的谴责信,并给她下了最后通牒:除非她能开始准时到岗,否则公司将和她解约。这个前台照办了,她不再迟到。然而,洗碗池里的脏碗碟也堆了起来,公司需要制定新的制度来解决这个问题。

想想看,如果她的顶头上司对她使用非暴力沟通的同理倾听,情况会有什么不同。当他找她谈话时,他也许可以说:"我注意到这个月你有三次比我们约定的到岗时间晚到,这对你来说好像不常见。我习惯了你准时到达,所以我猜可能是你生活中发生了一些事让你无法准时到岗。你愿意和我说说吗?我怎样才能支持到你(她的需要),同时也能兼顾到前台的工作(他的需要)?"

因为有些人(也许是大部分人)不习惯拒绝上司说的话,所以我建议所有上司或有权势的人在和下属讨论这类问题时,要先和对方确认一下他是否感到自在,这样双方才能进行真诚的探讨,而非让对方出于恐惧敷衍了事。双方意愿的高低很可能会大大影响谈话的结果。

谈话进行到这里,这位前台也许会考虑说出自己的感受,解释自己的情况(尽管她不想谈私人生活的细节),并就她自己的需要向上司提出请求。理想情况下,如果她和顶头上司相处足够融洽,在第一次出现这种情况时她就会去找她的上司说明家里的特殊情况,提出让别人代班的请求,因为她可能会因为照顾家里的情况而无法准时到岗。这样,公司的前台有人值班,她所经受的内疚和指责也会被避免。而且,这位前台有可能会继续清洗那些脏碗碟。

| 在团队或项目会议中运用非暴力沟通 |

开会时,最浪费时间的事莫过于人们对他们自以为听到的内容做出回应,但却并没有了解他人真正的意思。

WAIT!

如果参会者都能考虑一下"WAIT",即 Why Am I Talking(我为什么发言),就能提升会议效率,节省会议时间。国际非暴力沟通中心认证培训师兼专业教练拉杰·吉尔解释了 WAIT 这个缩写词,并给出了相关的说明。

我在 2000 年参加教练培训学院的教练培训课程时学到了 WAIT(我为什么发言)这个缩写词。在演练教练环节时,我意识到,我说的话比客户要多得多(这真是痛苦的经历),我需要更多倾听教练中的客户说了什么。我把 WAIT 贴在了我的手机上,提醒自己把嘴闭上,把注意力更多地放在倾听上,而不是说话上。

2001 年起,我开始学习非暴力沟通,发现 WAIT 对我练习同理倾听很有帮助。我把这个缩写词纳入我的学习指南里,并在工作坊或练习小组中提供给参加者,我是这样描述它的:

WAIT！

我在想什么（What Am I Thinking）？暂停一会儿，觉察自己因某一情境产生的想法和感受，是如何影响我的语言和行动的。

我为什么说话（Why Am I Talking）？我接下来要说的话如何有助于建立有品质的连接？我要把注意力放在倾听对方上吗？

我告诉自己什么（What Am I Telling myself）？有时候，正在发生的事实（观察）和我告诉自己的"我的故事"是完全不同的。

在非暴力沟通的中阶课程中，我增加了一个 WAIT：**他们内在鲜活的是什么**（What's Alive In Them）？

每当我听到人们用这个缩写词提醒自己活在当下，并更加注意他们的言行时，我就觉得特别开心。

所以，赶快使用 WAIT 吧。

（拉杰·吉尔已被列为本书的贡献者之一。）

当我们发言时，大多数人根本不清楚我们想要从小组得到什么样的反馈。如果我们先说明发言的目的，然后说出我们想说的话，最后向团队提出请求说明我们想要什么样的反馈，就可以加速会议进程。这也让参会者感到安心，无须费力猜测我们想要从他们那里得到什么。我们与对方的需要连接，提出明确可行、当下可做的正向请求（如果只是要求对方"不要做什么"，对方根本不知道接下来该做什么），将有助于他人以我们希望的方式满足我们的请求。

下面是凯瑟琳·麦克斐伦主持的一次会议。请注意她如何使用观察、感受、需要和请求。

2008年3月，我在华盛顿州促成了一次基于宗教信仰的社区领导人会议。这是他们第一次聚在一起，想要探讨是否可以建立一个机构，帮助服刑结束重返社会的罪犯。

开会前，我认真地进行了思考。我认为我是什么样的人，包括我对生活的定位，比我做了什么更能影响我所服务的组织。所以，我决定把自己定位成会议引导者的角色，创造一个环境，让服务生命的可能性自然而然地出现。我把在非暴力沟通中学到的内容当成一个内在地图和框架，我可以很清晰地把它画出来。参会者无须学习非暴力沟通，他们可以使用自己习惯的任何沟通方式。

我和小组成员分享了我持有的五种原则，并询问他们是否同意这些原则以及是否要加上其他原则。我们按照下列原则来开会：

1．每个人都可以发表意见。

2．每个人都被充分地倾听。

3．每个人在讲话前都很清楚自己想要说什么，也知道自己希望听到什么反馈。

4．每个人提出请求，以便帮助别人满足自己的这些需要。（发言者希望得到什么反馈。）

5．每个人都有意与自己的生命源头保持连接。（这种价值是团队所赋予的。）

在整个会议的过程中，当我想得到反馈时就会参考这些原则。例如我可能会说："我想知道有没有人觉得自己没有发言的机会。"或者我会说出我的观察，比如："我注意到刚才五位发言人中有四位是男士。我希望这个信息能帮我们衡量一下，我们有没有遵循共同设定的沟通准则。"

对我而言，比起"做什么"，更重要的是"我们是谁"，要树立起一种参与和尊重的品质，这也是我希望在所有参会者身上看到的。我想象非暴力沟通的标志——倾听和表达的品质，能够促使人们快速地建立连接，让合作和信任的关系迅速增长。事实上，当我说出会议上大家的感受和需要时，参会者们很感激，他们觉得自己被别人深入地理解了。他们很快就开始自发地向对方反映他们自己的感受和需要。有时，当我在转向其他关注点之前时，我会请求大家说说他们从刚才的发言者那里听到的内容，他们也会这么做。

我不太在意形式，而是更看重有意义的交流。会议中大部分的发言没有被真正听到或者得到大家的确认。例如，当一位参会者第三次说到同一件事时，其他参会者开始翻白眼、叹气、身体向后靠在椅子上或放下手中的笔等。我向小组建议，当有人重复说一件事，可能是因为他没有意识到自己被听到了。我转向刚刚重复了三遍相同内容的人——约翰，询问他是否感觉到大家在以他想要的方式倾听他讲话，他回答说："不，一点儿也没有。"随后我问参会者是否可以反馈一下他们听到的内容。有两个人这样做了。我和约翰确认是否这是他想传达的意思。他说："是的。"随后我们就能够继续讨论了。

我的目的是在会议中让大家的需要（指内心的价值观，比如尊重）都尽可能地被表达出来。我相信针对这些需要提出策略会更有效，并让讨论的焦点更加明确。同时，我还支持参会者提出具体可行的策略，这也是我在用非暴力沟通提出请求时使用的一种框架。

一位参会者满怀热情地说出了自己的想法，但是没有提出任何请求。我说："哇哦，听起来你似乎想得到大家的反馈。你想要什么？"他想了一会儿，大声说："绿卡！"这是一个具体可行的请求，它得到了明确的回应。原因如下。

我给每个参会者发了一套卡片，有三种颜色，即绿色、黄色和红色，让他们在会议中可以不用语言就能回应他人的发言。绿色卡片代表对发言者的想法有共鸣，并且感到兴奋。请求绿卡是一种快速的确认方法，可以检验小组里有哪些人支持他的想法；哪些人对这个想法存有疑问但这在他们的容忍范围内（黄卡）；哪些人担心这超出了他们所能容忍的限度并需要解决这个问题（红卡）。

在提出"绿卡"请求后的两秒钟内，房间里所有人的反应显而易见。随后我们询问两位拿出红卡的人，刚提出来的提议没有满足他们的什么需要。我问他们听到这个提议后有什么感受，以及他们对于这个提议可以提出什么请求来进行修改，以满足他们未得到满足的需要。短短几分钟内，我们就讨论出了让所有参会者都能接受的提议。这个提议随后成为我们的策略，而且我们明确了规定时间内具体的行动计划。

非暴力沟通里的一个关键概念提升了会议的效率，其结果超出了我的预期，那就是我们提出的第三项原则：每个人在讲话前都很清楚自己想要说什么，也知道自己希望听到什么反馈。令我非常惊讶的是，参会者虽然没有参加过任何关于非暴力沟通提出请求的培训，甚至没有考虑过在开口之前想要听到别人什么回应，但是这种方法能够如此迅速地起到作用。

当有人讲话时，我默默地在心中思索每个发言者想要提出的请求。我这样说来支持发言者提出请求："我猜你希望听到大家对你刚才发言的回应。你希望得到什么样的回应？"或者"你刚说的听起来像是一个对我的提议。你愿意把它改成大家可以做出回应的提议吗？或者你希望从我这里得到支持？"提出当下可以采取的行动会让参会者产生明显的能量和动力。对需要更多资源的策略提出明确的请求并就此达成共识时，会议的目标将会更加清晰。

我向参会者反馈我的观察，也询问大家他们看到或听到了什么让他们得出他们的结论。观察让大家头脑清晰，并让每个人对自己的解读和得出的结论负责。

例如，当我们致力于表述机构的宗旨时，一位参会成员提出异议，认为一个段落描述的内容缺乏包容性。当我问他具体哪个词汇或短语给他留下这种不够包容的印象，他说是"那些被认定有需要的人"。我们给了他一个机会，请他说一个不同的短语，既能传达原有的意思，也能表达他所说的包容性。他建议使用"为所有有需要的人"。他非常明确他的建议想满足什么需要，为自己的解读负责。同时，他能够提出如何进行修改，并把所有的需要考虑进去。

在这次长达六个小时的会议中，我们拟定了机构的宗旨和愿景，确定了机构的名称，同时明确了这个机构未来的决策方式以及谁有发言权。我们甚至设立了委员会，并开始确定一些具体的行动。在会议结束时，我们庆祝了此次会议的高效，庆祝大家同心协力地行动，互相建立连接，同时还进行合作。

（凯瑟琳·麦克斐伦已被列为本书的贡献者之一。）

| 为现实中共同的组织需要工作 |

整合式清晰架构提供了集体对话的流程，它通过实践两个关键原则来促进大家的合作及责任分担。这两个原则是"所有的需要都重要"以及"所有的声音都能被听到"。这么做不只是为了个人，也是为了集体。

这里我想澄清一下"组织需要"这个术语。尽管你将在本书中多次看到"组织需要"和"某个组织的需要"，但它们是为了使用简便而这样称呼的。作为由人组成的生命系统，组织是有需要的。但是，作为一个法律实体或哲学概念，它本身并没有需要。组织中的人以及他们共同的现状——他们是谁，为什么在这里，他们前进的方向是什么等，为他们的共同需要（组织需要）注入了生命力。这是具有普遍性的，因为每个组织都有同样的需要。将这一点进行区分非常必要，因为管理阶层证明其对人拥有控制权的方式之一就是宣称"这是公司规定"或者"这是集团的决定"之类的言论。这样一来，人们不再为出于自己的需要而做的选择负责，例如，工作安全感这种需要。当把个人的责任归咎于群体时，他们做出不为生命服务这种选择的危险就更加普遍。最糟糕的时候，就像希特勒统治德国时所做的那些决定，人们声称组织或政府做出了决定（并且通常认为不遵守就只能选择死亡或者坐牢），他们对发生的事情毫无选择。整合式清晰架构旨在让团队和组织中尽可能多的人都拥有发言权。因此，当你读到"组织需要"或"某个组织的需要"时请注意，它们指的是组成这个机构的人员的共同需要。此外，我们虽然赋予组织某种集体属性或者认为各个国家均有独特的文化，但我们与任何组织的关系实际上都是与个体之间关系的集合。

组织需要和个人需要有冲突吗？值得庆幸的是，没有。策略可能会有冲突，但是需要永远不会有冲突。例如，一个组织采取的策略是让员工在工作日早上 7:30 开始上班。这个策略也许和某个员工需要更多睡眠有冲突，但是组织的潜在需要是为客户服务，和员工完成必要工作的需要之间是不冲突的。在这种情况下，员工可以负责开发一种策略，既能满足睡眠的需要，同时也能满足组织的需要，或者，公司也可以安排这位员工做其他的工作以满足他早上放松的需要，找另一位愿意早来早走的员工来代替他，同时也满足了这位员工的需要。

基于需要的意识这一模型有效地把来自不同背景和权力层级的人整合起来，激励大家一起努力满足组织的共同需要。从工作生涯伊始，我就和来自各行各业的组织和个人打交道，我的客户包括电信公司、房地产开发商、工会、大学教授、员工、消费者群体、护士、教师、工程师、会计师、技工等，我帮助人们在结构权力失衡的组织中披荆斩棘。现在，我使用整合式清晰架构和非暴力沟通模式让组织的需要更加显而易见，每个人都拥有相同的愿景和价值观，同时个人的需要，诸如自主权、尊重和贡献，也得到了满足。组织以价值观和原则为基础，替代了以政策和流程作为组织运营基础的旧模式。员工倾向于以价值观和原则为基石，并进行自我激励，而不是被管理控制，同时他们以目标和成就为导向，并且会意识到他人和整个系统。这样带来的结果是，整个组织以"协作"而非"控制"的方式运作，推动并激励着前几章所提到的那种成功，具体表现为利润增加、工作效率提高以及士气高涨。

> 当组织的需要显而易见，组织运营是基于原则而非政策时，员工就更有可能自我激励，并以目标和成就为导向进行工作。

一旦个人和团队或组织的价值观越来越明确，就会为双方是否要共同前行创造更多选择的机会。许多员工和老板之间的冲突本质上不是因为性格问题，而是因为秉持的价值观迥异。虽然人们都有共通的个人需要，但其中一些高于其他的需要对于团队协调和融合来说非常关键。如果你看重创造力和自主权，那你和一个非常看重秩序和可预测性的团队就会格格不入。像在第二章所指出的那样，如果经理时常"管理"一名员工，问题可能出在系统上，如价值观的冲突或者双方合作不舒服，而非人的问题。

| 整合式清晰架构 |

通常，组织找我做顾问的目的是协助他们进行战略规划。很多时候人们还没有准备好迎接整合式清晰架构和非暴力沟通所能带来的转变。美国犹他大学艺术领域联合副总裁兼艺术学院院长雷蒙德·托马斯·琼斯博士在参加了非暴力沟通和整合式清晰架构的培训后写信给我说："这次培训有巨大的潜力让学院进行改革，让学院在艺术教育领域取得更大的成就。"同样，南佛罗里达大学艺术与艺术史学院院长华莱士·威尔逊认为，培训"对每个人及大家的未来都至关重要"，将"把这次培训作为（学院）历史上的关键转折点而铭记在心！"让成功延续下去的关键是深入强化新的组织文化，而这种文化立足于非暴力沟通的模式以及整合式清晰架构中以需要为基础的框架。

表4-2中列出了非暴力沟通的四个步骤，并将供个人使用的非暴力沟通流程和经过调整后供组织使用的流程做了比较。

表 4-2　整合式清晰架构四步骤

基于需要提升职场效能的方式

个人领域 非暴力沟通（NVC）	组织的整个系统 整合式清晰架构（IC）
1. 做出观察 · 我看到或听到了什么？ · 客观、具体的事实	**1. 识别数据** · 观察到的可以被分析、比较、测量的数据：指标、数据表
2. 确认感受 · 感受与非感受的判断、对观察结果和商业数据的评估	
3. 连接感受和人类需要 所有人类的共通需要，例如尊重、学习、目标和自主权等。	**3. 将数据和组织需要相连接** **根源需要**　　　　　　**杠杆需要** · 身份　　　　　　　　· 组织架构 · 服务生命的目标　　　· 能量 · 方向　　　　　　　　· 表达
4. 提出请求以满足我们的需要 请求的例子： 你愿意…… · 告诉我刚才你听到我说了什么吗？ · 在 5 点前完成这份报告并放到我桌子上吗？	**4. 发展战略意图** 在组织中，请求是指策略。整个组织的战略规划及实施旨在满足系统中的人们感知和监测到的组织需要。

这个列表说明了满足个人需要和满足组织需要的两个并行过程。识别感受是对满足个人需要和组织需要的共同途径。在这两种情况下，我们的感受都会告诉我们哪些需要得到了满足，哪些需要没有得到满足。这说明了识别感受的重要性和实用性。

这里要强调的是，这些过程与感受本身无关。这些过程的目的是与需要连接，提出个人请求，或者制定群体策略来满足更多的需要。它们是为了满足更多需要而进行的渐进式变革。

|非感受和非数据|

表4-3清晰地说明了在使用非暴力沟通时感受和非感受之间的区别（非暴力沟通四步骤中的第二步），以及使用整合式清晰架构时数据和非数据的不同（第一步：识别数据）。为什么区分这些方面很重要？因为在人际沟通中，非感受是想法、评价、评判或者指责，这些极有可能会造成疏远和防御。在组织沟通中，非数据的语言也是一种泛泛的评估，包括正面和负面的。这种语言不够具体，没什么帮助，有可能会产生阻力。

重申一下，我并不是说评价和解读在工作场合不重要或者没必要。如前所述，关键在于要将它们与我们的感受和需要进行区分。这样，我们使用两者的能力就变得更加强大。在非暴力沟通的语言体系里，感受没有"负面"或"正面"之分，所有的感受都是需要的信号。我们都体验过愉悦或不愉悦的感受，我们会对感受进行"正面"或"负面"的评判。

表 4-3　非感受和非数据

非感受			
接纳	侮辱	压抑	多余
认可	恐吓	为难	不值得
羞愧	不足	羞辱	被利用
被攻击	无效	嫌弃	牺牲
背叛	视而不见	上当	侵犯
指责	被孤立	嘲笑	一文不值
受骗	被边缘化	愚蠢	无用
被逼迫	失望	取笑	不起眼
批评	任人摆布	威胁	被忽视
怀疑	误解	践踏	劳累过度
受气	疏忽	被骗	受惠
内疚	制服	无人理睬	不重要
麻烦			

非数据

· 与其说"第三季度的业绩很差",不如使用具体的数字描述业绩,例如:"第三季度的销售量减少了 10000 个单位(或者 10 万美元)。"

· 与其说"你迟到了",不如使用不带评判的、可观察的描述:"你比我们约定的时间晚了 20 分钟。"

·"干得好!继续努力。"这种缺乏明确观察的语言,听者不知道应该在哪些行为上"继续努力"。如果你说:"看到你只花了一半的时间就完成了 70% 的目标,我很高兴。"对方就很清楚你在表扬什么。

·"顾客很开心。"怎么衡量"开心"呢?"开心"到达怎样的程度?占多少顾客的多大比例?换个说法试试:"我们 90% 的顾客在调查中表示他们愿意再次购买我们的产品/服务。"

表达非感受的方式

当你说:	紧跟着:	通常你都在表达:
"我感觉……"	似乎……	想法
	那个……	评价
	它……	评判
	好像……	指责
	你……	
	我、她、他、他们……	

在人际沟通层面，回想一下那位认为自己主管"粗鲁"的员工，就因为在讨论工作相关话题前，主管没有对他说早上好。如果当时他能够把他的观察（她没说"早上好"）和自己的评判（她很粗鲁）区分开来，他也许就可以提出一个请求来满足他的需要，这样他就可以留住那份也许他原本很喜欢的工作。

所有的诠释、评判和评价都是在表达我们未被满足的需要。如果我们认为有人很粗鲁，我们会有一些相应的感受（例如受伤、难过、生气），因为我们的需要（例如接纳、连接、尊重等）未得到满足。由于我们已经把对方置于我们的评判当中，因此向对方提出请求来满足我们需要的机会就变得很渺茫。

如果这位员工当时意识到他的需要是尊重和连接，甚至考虑到他的主管的行为是由她的需要驱动的（例如她的需要是工作效率），他就有可能把对方从自己的评判中解放出来。他甚至有可能说这样的话："我发觉你希望完成事情，我很理解。不过，你愿意在每天讨论工作前先对我说声早上好吗？"这样的话，她就知道他理解她需要提高效率，或者她可能会说出她的另一个需要，帮助他更好地理解她。

在前面的非感受和非数据的表中，你能看到评判和指责有可能也会出现。混淆着评判的感受或数据通常会激发抵抗情绪。

注意感受和非感受的不同之处，非感受不是感受，而是评判。认识到两者的不同有助于我们更好地建立同理连接。组织中真正的感受很重要，是人们的需要是否得到满足的可感知的可靠指标。感受对做决策和各种关系都很重要，也能让职场充满活力。

不带评判地观察很简单却也极具挑战性，它是建立至关重要的、协同工作的职场的基础。人们不仅不会相互指责,而且能够提出有效的策略,以应对市场和环境的变化。这是因为当人们感知到彼此的脉搏(人们的感受和需要)以及组织的脉搏(组织的数据和需要)时,人们就能集中精力提出请求并寻找策略以尽可能满足所有的需要。这是当前组织研究领域证实并倡导的方法,即通过探索进行学习、观察并进行调整。

想想你的日常对话,并开始把对话内容转换成感受和数据。例如,把"我今天觉得有点烦"转换为"我觉得沮丧和紧张,因为我认为我今天无法完成我的三项任务了";或者把"我觉得我被攻击了,因为你说你不喜欢我的提议"转换为"我感觉很困惑,因为你说不喜欢我的提议却没有给出原因"。关于数据,你可以将"她的报告有些不足之处"转换为"她的报告没有涵盖人力资源部门的多项数据";或者将"我喜欢你主持会议的方式"转换为"我很欣赏你开会的方式,你让每个人轮流发言,保证大家都有机会表达。这帮助我了解了事情的各个方面"。

这种沟通方法的重点在于沟通的意图,也就是诚实、透明且专业,而且只要有一个人参与就能够创造连接。双方一旦建立了良好的连接,相互之间的沟通就会以理解和合作为动力。它还鼓励通过识别需要是否得到满足以及在个人和组织层面上提出请求,以创造策略来满足尚未被满足的需要来提高效率。

| 连接和感受的重要性 |

与人进行同理连接会给公司利益带来巨大的影响。帕特里夏·阿伯迪恩在她的著作《2010年大趋势》中提到了惠普公司前任副总裁兼惠普

> "思考的过程需要感受……"掌管情绪的大脑受损的人无法做决定。
> ——乔纳·莱勒《我们如何做决定》

大型喷墨打印机部门总监格雷格·默滕的故事。他对与人连接不感兴趣，工作以任务为导向，对别人毫无同理心。后来一场让人难以接受的事故让默滕被同理心的力量震撼。他有个十多岁的儿子很喜欢与人打交道，却在一场车祸中丧生了。这一事件彻底地改变了默滕的工作方式。他决定要做一个富于同理心的人。他想要创造连接，变得以人为本，关注对话和社群、信任和理解、谅解他人并搁置评判。默滕给他的团队、公司里的其他人，还有和他一起创立公司新部门的人都带来了莫大的鼓舞，他们在效能上取得了突破，使惠普公司的利润增加了数亿美元。[1] 他的故事证实了整合式清晰架构和非暴力沟通的观点，那就是与人共享利益比从人们身上获利更加有效。

这里还有另一个原因让你了解自己的感受。神经学家、也是《我们如何做决定》(*How We Decide*) 一书的作者乔纳·莱勒说："思考的过程需要感受参与其中，因为感受帮助我们理解我们无法直接领会的所有信息。不带情感的理智是没有任何作用的。"[2] 事实上，莱勒指出，掌管情绪的大脑受损的人无法做决定！[3] 这一点加上本书前面提到的加德纳的"多元智能"和戈尔曼提到的"情商"，强化了人类大脑多面性这一相对较新的观点。莱勒解释说，人们在既定情况下如果使用恰当的方法，加入我们的情感会比单纯使用逻辑更有智慧。

在职场中使用整合式清晰架构时，我们在明确组织需要并制定策略以满足需要的过程中，纳入对感受的意识。感受可以充当引领这个过程

---

1 Aburdene, *Megatrends 2010: The Rise of Conscious Capitalism*, pp. 1–2.
2 Lehrer, *How We Decide*, p. 26.
3 Lehrer, *How We Decide*, p. 15.

的气压计、路标和灯塔，但感受不是目的地和方向。感受带领我们发现需要，当我们识别出需要，我们就可以提出请求（个人层面）或者建立策略（组织层面）来满足那些需要。

国际非暴力沟通中心认证讲师兼合作式沟通中心总裁戴安·基里安博士有把非暴力沟通应用到职场的丰富经验。在以下的故事中，基里安说明了觉察并表达感受和需要如何帮助她的一个教练客户做商业演示。

当人们想到非暴力沟通（我更喜欢称其为合作式沟通），常常把它与解决冲突联系起来。尽管如此，我发现将非暴力沟通应用于日常组织事务中有同样甚至更佳的效果，例如开会、演示、提案、商务谈判、客户服务、需求测评、战略规划以及反馈或考核等。在这些"平凡"的环境中使用非暴力沟通，冲突就不太可能产生，因为从一开始人们之间就建立了比较一致的观点、参与度和兴趣。人们也会更加互相尊重和彼此连接，并创造出一种氛围，让人们能够更真实地展现勇敢和坦诚（这两种品质是所有公司都追求的）。

我做教练辅导的一位客户凯文，供职于一家大型的国际公司。当时他向公司的管理层提交了一个他拟定的方案，希望上层能够采纳。他的其他几位同事也提出了各自的方案。在我们谈论这件事情的过程中，我听他好几次提到他的方案以及被上层采纳有多重要。他的用词和声音听起来都让人感到非常急迫。我怀疑他这么急迫是否有助于他成功地进行提案。凯文还告诉我，即使最后他的想法未被采纳，他也非常希望自己的想法被听到。他只是想确信他的观点已被管理层理解。之前他提过几次方案，但是公司高层做决定时并没有采纳他"务实"的内容中所展现出来的"蓝图"。

我邀请凯文花一点时间考虑为什么这个项目对他来说这么重要。如果被采纳了，他、他的客户和他所在的组织有哪些需要可能得到满足？他充满激情地谈论起他所看到的客户体验，以及他的项目将如何帮到公司。他希望自己的建议得到采纳，因为他看到公司在交付方面反复出现的问题，而他的方案可以解决这个问题，提升产品的价值，增强客户对公司的信心。他想要提高效率和做出贡献，为客户解决问题；他也想要和客户建立信任的关系，让自己成为公司里能够回应他们的问题并有能力为他们解决问题的人。

当凯文意识到了他的核心需要，我注意到他平静多了。这是第一步。在与人沟通时，潜藏的焦虑也许会以人们意识不到的、不受欢迎的方式表现出来，很容易表现为压力或者攻击性。如果急切地采取行动（急切的根源是恐惧），也会影响我们保持冷静和头脑清晰的能力，尤其是在已经有压力的情况下。现在凯文已经意识到了他的核心需要，他的演讲是否成功不再关乎他自己或他的表现如何，而是关乎他为客户的福祉以及改善他人生活做出贡献的强烈渴望。这个核心愿望一直都在，但是把它说出来后，他变得更有动力，更专注于演讲，这使他从对演讲的焦虑中解脱出来。

随后我建议我们进行角色扮演，我扮演上司。进行了简短的流程后，凯文开始角色扮演并演示他的数据，包括他统计出来的信息、他对情况的评估、他提议的干预措施以及原因。我很快就发现报告的内容细节过多，我开始走神。我的头脑闪现出那位上司每周要听多少次这样的演讲（还有那些详尽的PPT）。我怀疑这对他的上司或参会的其他人是否有启发或说服力。凯文在几分钟之前描述他提案的动机时所展现的活力与热情去哪里了呢？这份热情并不存在于他的头脑中或者他堆砌的事实中，他的声音和他说起自己想法时的特定方式清晰地体现了这一点。

我叫停了角色扮演，让凯文畅想一下，如果他的项目被采纳了，他的感受如何。他说的第一个词是"兴奋"，然后是"鼓舞"和"充满力量"。我请他再次开始角色扮演，这次让他说出他和上司谈话时的感受（开心，充满感激）以及他对这个项目本身及项目目标的感受。我还让他说出他有什么需要得到了满足。而不是"2008年以来，我们公司拥有X能力服务X个客户，实现了X个百分比的营业额等等"，他开始说："我很感激大家参加这次会议，因为我很兴奋地跟大家分享一个想法，它能支持我们的客户并让客户对我们的产品有更高的满意度和信任感。"

在指导他在演讲过程中融入感受和需要的同时，我也提醒凯文要提出连接请求（调整对话的节奏）以确保他被听到并被理解了。提出连接请求，例如与对方核实他是否听到了，他可以这样说："我想看看我是否表达清楚了。你能告诉我你听到的要点是什么吗？"凯文在他的演讲中使用的另一个版本是："我想了解我是否说清楚了，所以我想停一停，看看大家到目前为止有什么问题或想法。"这些"核实"技能对作为人类的我们来说非常自然，然而我们经常忘记要把对话速度放慢，以便让对方尽可能地理解你并与你建立连接。由于凯文特别希望知道他的想法是否被听到和理解了，这种类型的问题就格外重要。

连接性的请求也包括请对方针对你的想法给予回应，以便让你获取对方听到你的想法后的"天气报告"。例如，凯文说："我想知道大家对我到现在为止所讲的内容有什么回应……"然后问，"你觉得如何？"

通过在他的演讲中应用这些方法，凯文知道他的上司已经听到他想要表达什么，并且能够看到他的想法如何被整合和采纳。通过和其他人进行沟通，他营造了一种与他人合作的氛围，并邀请他人对他的提议提出想法和见解。从而支持他人参与对提议的讨论，共同对他的方案进行"微调"，使它变得更加有效。在根植于他的热情（他的感受和需要）所做的演讲中，他给人的印象是了解"基层"情况，并对客户的需求很敏锐。他展现了领导力和远见卓识，人们愿意倾听他并与他合作。

（戴安·基里安已被列为本书的贡献者之一。这是一个真实的案例，只是客户的名字是化名。）

| 如何在职场中使用整合式清晰架构 |

整合式清晰架构通过培养基于需要的意识，在自我关系、人际关系以及与组织的关系这三个组织的维度发挥作用，产生责任感来满足这些需要。这是探索自我也了解他人的过程。

整合式清晰架构可以通过以下三种方式来改善关系，提升运营效率，并扩大利润。

1. 把整合式清晰架构作为评估工具。最初，把整合式清晰架构作为一种评估工具，可以发现在组织或团队的三个维度中哪些是有效的，哪些是无效的。附录中有简化版的整合式清晰架构评估表。可据表评估个人需要和组织需要得到满足的程度，然后在此基础上提出相应的建议。

整合式清晰架构如此有效的其中一个原因是它不只聚焦于组织的需

要，同时也不忽视个人的需要。它将两者结合起来，可以应用于各行各业的商业机构、非营利性组织或协会中。

组织中人们的基本需要得到越多的满足，人们就越能和谐地在一起工作去满足组织的需要，组织就会越发稳定和成功。

2．在战略规划过程中使用整合式清晰架构。接下来，根据整合式清晰架构进行一系列对话，探讨组织的六种共通需要，包括组织身份、服务生命的目标、方向、组织架构、能量和表达等。每种需要的具体情况根据组织的独特性来决定，例如非营利性组织、服务行业、公司、学院或大学、专业协会。

3．把整合式清晰架构作为实施工具。最后，使用整合式清晰架构提供的方法实施对话探讨的内容。本书的第二部分介绍了各种应用工具和技术。在所有的讨论中，非暴力沟通作为沟通工具，用于关注感受、需要和请求。

| 区分需要和策略 |

区分需要和策略对于个人和组织来说都非常有帮助。区分两者鼓励我们找到具体的策略来满足某些特定的需要，而不是出于其他原因——一些并不是基于需要的原因来创建策略，比如出于比较："XYZ公司就是这么做的。"很多公司制定和实施了许多政策（策略），尽管没人知道这些在满足什么需要，也要遵从。即使这些政策确实满足了某个需要，也许如下面这位主管发现的那样，可能有更好的办法来满足这个需要。

菲利普是某个大型研究团队的副主管。他希望工作人员能在早上8点公司开门时就来上班。当他和大家探讨这件事情时，却突然因自己的顿悟而感到惊讶。他之前的策略是直接发邮件给一些关键成员，告诉他们去做些事情来处理问题。不知什么原因，他发的邮件从来就不起作用。后来在一次整合式清晰架构的会议中汇总的反馈显示，菲利普的团队成员认为他"刻薄"或"狂暴"。

当菲利普发现他的需要不是让人们遵守规则而是希望建立连接时，他顿悟了。他喜欢走进人群中和其他人交流，哪怕是和某个同事一起去喝杯咖啡。明白这一点后，他就可以做计划满足他与他人进行连接的需要，他开始告诉人们他的一些情况。当菲利普在整合式清晰架构的会议中开诚布公地分享他的需要时，他的团队成员立刻就理解了他。

菲利普区分策略和需要的能力是非常有价值的工具，可以为他职场中的人际关系创造更有价值的连接，也为他工作的组织赋予了更多意义。[1]

（案例中的人名为化名。）

整合式清晰架构可以用于何处

明确需要的谈话可以在组织内的任何小组或个人之间进行，例如：

- 一对一与主管讨论
- 绩效考核
- 处理和调解冲突
- 公司管理团队的会议

---

1 Miyashiro and Rosenberg, *The Change Handbook*, pp. 126–27.

- 工作小组的员工培训
- 项目小组讨论会
- 大型团队会议
- 董事会和各委员会主席会议
- 沟通和战略规划会议

通常，先在管理团队或个人之间进行这样的讨论，然后扩展到项目小组、部门、团队、委员会或董事会。举例来说，整合式清晰架构和非暴力沟通可以用于给领导者的教练培训或自我探索（例如前面提到的菲利普的例子），或者用于调解人际关系、团队互动和人员审查。在组织领域，它被用于讨论战略规划，建立组织需要评估表，便于组织通过监控数据了解需要的满足程度等。（详见本书第二部分的第七章里关于组织需要评估表的内容。）

| 组织的六种共通需要 |

在详细探讨组织的六种共通需要之前，可以先看看下面图表中所示的概要。

定义根源需要里的身份、服务生命的目标和方向，为组织架构、能量和表达这些杠杆需要提供基础和指导原则。"根源"一词意指在组织内的人们与更大的驱动力量连接，这种驱动力量引发并激励他们共同努力。根源需要指向的是公司是"什么"，而杠杆需要是指"怎么做"。

下面的图表解释了每种组织需要，之后的案例显示了某个组织如何明晰自身的需要以及明晰需要后整个团队产生了哪些引人注目的影响。

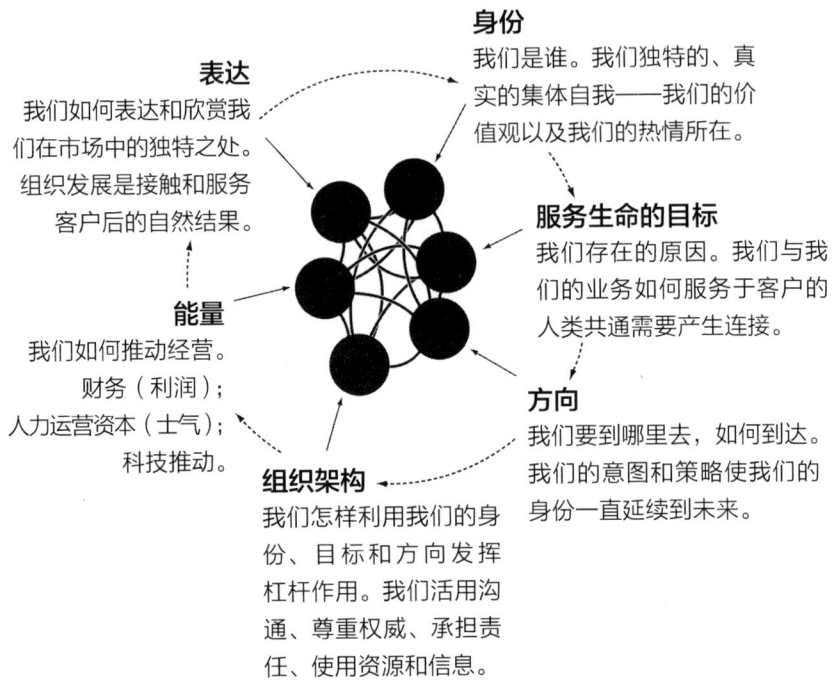

图 4-2 整合式清晰架构中六种组织的共通需要

根源需要之一：身份

首先，我邀请公司或团队定义他们是谁，而非决定下一项工作任务。团队成员发现先描述身份非常有用，因为所有的政策、决定和行动都出自对身份的理解。为了帮助人们明确身份，我们采用吉姆·柯林斯在

《从优秀到卓越》一书中提到的"刺猬理念"[1],这一理念是他的开创性研究。图 4-3 表明了我们提出的三个问题。

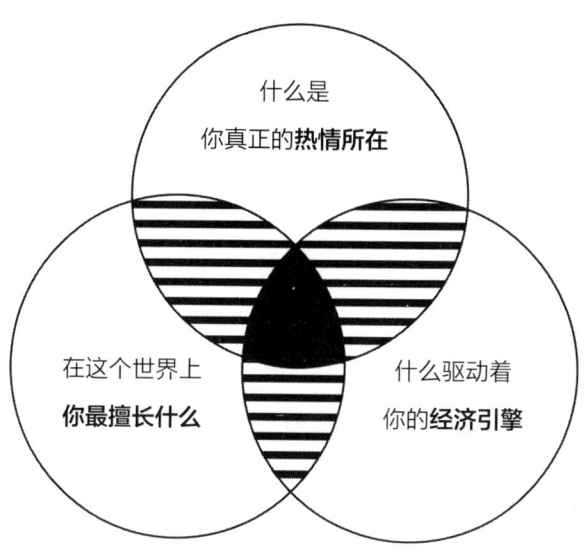

图 4-3 "刺猬理念"的三个圆圈[2]

---

1 Collins, *Good to Great: Why Some Companies Make the Leap . . . and Others Don't*, pp. 90–119.
2 Collins, *Good to Great: Why Some Companies Make the Leap . . . and Others Don't*, p. 96.

身份的另一个关键方面是清晰地表达组织或团队独特的核心价值观和原则，这些价值观和原则最终会体现在组织所做的每一件事情上。实际上，身份是组织基因的一部分，是真实存在的，我们不是去设定它，而是要定义它。这样工作就变成了维系团队或组织作为集体存在的整体性，这意味着组织中的每个人都与组织的价值观保持一致。否则，随着时间的推移，组织的特征会被逐渐侵蚀。每个组织都有独一无二的身份。即使是同一组织里的不同分支或加盟机构与整个组织拥有同样的价值观，但也有各自不同的特点。

所以，明确身份不仅有助于定义这些价值观，也有助于聘用与组织价值观一致的员工，并且时时关注着这种一致性。

当我第一次参观瑞典的宜家家居商场时，我很惊讶地发现它的建筑让人在半里以外就能感知到其独特而先进的身份识别和价值观。一进入商场我就看到店里的指示牌，让我立刻就明白了整个购物流程。我看到了一张商场的平面图，上面有如何取用他们特别设计的购物车和购物袋的说明，甚至还有告诉顾客如何把购买的物品条码朝上放在结账台上的说明。我随机采访了大约20位员工，他们每个人都用自己的方式告诉我公司的核心价值观，它与很多人所说的"社会主义"很像，所有的员工和老板都是平等的，每个人都同等重要。

当我问他们听到或看到了哪些说明这种价值观的东西时，他们回答说："噢，我的经理和我做的事情一样，比如把箱子堆起来"，或者"在节日派对上，每个员工都有一份贴着他名字的包装好的礼物"。甚至刚在停车场里工作了两个星期的停车管理员都说着类似的话。这是组织身份

> 当组织的焦点放在它的产品或服务会为顾客或客户带来哪些好处时,大家就会自然而然地受到鼓舞。

识别做到极致的一个例子。

根源需要之二:服务生命的目标

为什么你所在的组织其存在已经超越了对赚钱的欲望?它的存在在社会中满足了什么需要?它为人们做了什么?它是如何改善人们生活的?当组织关注它的产品或服务会为顾客或客户带来哪些好处时,大家就会自然而然地受到鼓舞。这一目标指引着所有组织成员的行动。即使有的人所做的工作不会直接影响到客户,他们也会支持到满足客户需要这一最终目标。组织成员的目标越一致,他们的工作就越有成效。不只是社会服务机构要重视员工是否清楚组织如何满足人们的需要,我的经历告诉我,任何类型的组织,包括商业机构,都非常渴望他们的努力能与有意义的人类目标建立连接。

例如,当我在指导联合运输公司的子公司地平线搬家公司工作时,我发现公司不仅仅运输家具或货物。在一次咨询中,员工们毫不费力地指出,他们的工作总是和客户的一些生活变故有关,也许是死亡或离婚,也许是有了一份新工作或组建了一个新家庭。他们把自己当成帮助他人度过生命中的艰难转变期的人。一位货车司机甚至引用数据说明搬家是一个人遭遇的人生中压力最大的事件之一。他们非常享受能支持到这些客户。公司修改了自己业务范围的定位声明,原来的"为顾客提供一生的搬运服务"调整为对特定客户群体的详细说明,例如"为你的生活提供搬家服务"和"为你的事业提供搬家服务"。

我们花了10分钟,通过整合式清晰架构组织需要评估表,从我们从员工和领导团队那里搜集的信息来看,在工作中找到个人意义的员工与工作效率和工作满意度之间存在着积极的关系。工作的意义越大，员工的工作效率和满意度就越高。

明确一个组织服务生命的目标的问题包括：

- 我们如何持续不断地表达我们渴望满足哪些人类共通的需要？
- 在日常工作和决策中，我们如何衡量并监督我们和这一目标的连接？
- 我们如何衡量并测评我们与所服务的顾客一起达成这个目标的能力？

根源需要之三：方向

你的组织要去往何方？你想在什么时候看到什么结果？如果每个人都完全不清楚球门柱在哪里，大家很容易困在不断传球的过程里，却不能把球送进球门。希望达成目标的强烈意愿、清楚地知道球场的布局以及球门这个目标清晰的画面将让你达成目标。

为实现你服务生命的目标，并与你的身份保持一致，以下这些问题可用来确定关于"方向"的策略：

- 对于每个组织需要和个人需要，我们的关键意图是什么？
- 我们想要创造什么结果？（它会是什么样子？听起来如何？我们会有什么感受？）
- 我们有哪些柯林斯和波拉斯在《基业长青》中所指的"胆大包天的目标"？[1]（大家是否能看到激励我们采取行动的清晰的终点线？即使稍微超出了我们的舒适区但依然可行？）

---

1 Collins and Porras, *Built to Last: Successful Habits of Visionary Companies*, pp. 91–114.

机构的方向体现在现实中有很多例子,包括政治选举中的共同努力,还有类似人类登月这样的科学成就。这些努力是激动人心的,有清晰的、可观察的、容易理解的预期成果。走进任何一位清楚认识到组织需要的总裁办公室,你会看到很多图片、文字和其他符号,这些都会激励人们不断聚焦组织未来的愿景。

杠杆需要之一:组织架构

每个组织都需要架构,但是架构指哪些方面呢?它仅仅是指自上而下的权力金字塔吗?这里所指的架构是指因明晰根源需要而自然发展来的架构,而不是从其他组织移植过来的架构。虽然其他组织的最佳实践和基准可以作为组织健康的起跑线,但最终,组织的架构和自己的根源需要一样,都会具有独特性。生物力学的第一定律是:由意图产生的架构支配功能。我们建立组织的方式决定了组织根据根源需要是否可以很好地运营。

整合式清晰架构基于金博尔·费希尔的赋能理念,我称之为组织架构的基础:

- 权力(谁决定做什么)
- 资源(财务、技术、人力)
- 信息(在组织中,信息就是力量)
- 责任(谁在什么时候对什么负责)[1]

---

[1] Fisher, *Leading Self-Directed Work Teams: A Guide to Developing New Team Leadership Skills*, pp. 15–16.

沟通也影响组织架构。如果你想打造一个全员参与的工作环境，但是实施时却无意识地使用统治者的语言结构进行沟通，就很有可能达不到期待中的成功。非暴力沟通是围绕需要和同理连接的语言，有助于建立赋权模式。因此，它是组织共通需要——组织架构的关键因素。

涉及组织架构的问题包括：

·我们如何在权力和责任之间建立完美的平衡？（有人对结果要付的责任会比他对结果的权力更大吗？是否有人对结果拥有更大的权力，即使责任在其他人身上？）

·我们如何建立机制评估或监测关键信息和资源的获取、使用以及生产力？

杠杆需要之二：能量

这里所指的能量，一部分是来自对组织的身份识别，以及与组织的目标、与人们从内在和外在的连接所产生的自然能量。同时，能量也意味着推动组织运作的燃料，被定义为利润、士气和技术三大因素的总和。

·利润（对于社会部门或非营利性机构而言是指"现金流"）推动运营，是能量的关键因素。能量是一种杠杆需要，原因是杠杆化的财政资源可以供给运营实施方案。

·员工士气是生产力的关键推动力。关注个人需要的非暴力沟通与满足组织六大共通需要的独特结合，创造了一种充满活力的协同效应。我将员工士气称为"人力运营资本"，以此清楚地表明在员工士气上投资的价值以及这种投资在生产力方面带来的回报。

· 第三个因素——技术已经变得日益重要,它为组织节省了时间和金钱,这种创新推动了组织或团队的进步。

财政利润是能量需要里的一部分,人力因素和科技因素也是同等重要的两个因素,三个因素共同推进组织或团队的发展。从这个角度看,金钱本身并不是企业的需要,而是为组织作为一个生命系统所需的能量而服务。

这里必须澄清一件重要的事情,不管是营利性公司还是非营利性公司,公司的董事会都有责任获取合理的利润,但不必追求利润最大化。能量作为组织需要,允许财务以外其他形式的利润存在。比如情感利润、与客户和员工的连接、更高的社会价值,从道德的角度看公司的社会利润等。

杠杆需要之三:表达

只要组织清楚地了解了它的根源需要,包括身份、服务生命的目标和方向,并设立组织架构支持这些根源需要,还有推动它们的能量,组织的表达就形成了。表达是为了彰显组织在市场和世界上的独特地位。所有的品牌、销售、市场营销和服务都反映了它的身份、目标和组织价值。聚焦于传达我们是谁,并清晰地传播我们是如何满足客户需要的。发展不是目标,而是通过组织真实的根源需要来满足人类共通需要后自然产生的副产品。

组织以基于需要的思维模式来运营,最终的受益者是顾客或客户。

组织和团队产生、发展和进化的唯一原因是为生命做贡献，为人类服务。不管是资本市场的压力还是共享经济的合作与激励，都源于人类需要的驱动。

以下案例记录了一次使用整合式清晰架构进行战略规划的案例，看似简单却给组织带来了重大变化。你在这里看到的模式和之前出现过的组织研究的结果类似。

案例研究：国际艺术学院院长协会（ICFAD）

从 20 世纪 90 年代到 2005 年，国际艺术学院院长协会的会员量没有任何增长；而且协会会员是各个大学里的艺术学院的院长，他们的流动性很大。当时的协会主席是亚利桑那州立大学艺术学院院长莫里斯·赛维尼。他首开先河，邀请任务委员会的主席们参加协会董事会的度假会议，邀请大家以一种全新的参与方式来阐明国际艺术学院院长协会的愿景和使命，并聚焦于组织需要。

2005 年以来，我定期和国际艺术学院院长协会的赛维尼先生和 2010 年新任主席罗恩·琼斯合作，定义并满足他们的六种组织需要。整合式清晰架构是可调整的并带来整个系统改变的框架，整合了吉姆·柯林斯、金博尔·费希尔、威廉·布里奇斯以及当前领域里其他领导人的组织思想。这包括一系列战略谈话。柯林斯的研究表明，这些实施结果是在大约四年的时间里完成的。[1] 为什么要花这么长的时间呢？策略首先是在一系列的讨论中制定的，然后进入实施和测试阶段，最后再慢慢地调整

---

1 Collins, *Good to Great: Why Some Companies Make the Leap . . . and Others Don't*, p. 9.

改善。

国际艺术学院院长协会先讨论了协会的身份和服务生命的目标，随后制定了发展方向。在根源需要确定之后，协会的架构变得清晰，能量和表达的需要也自然而然地产生。

这个战略过程开始于国际艺术学院院长协会的执行计划小组参与的10分钟整合式清晰架构组织需要测评，这是一种在线评估工具，用来评估有利于高效能和高利润的个人和组织的16种品质。这个评估也表明组织需要和个人需要得到满足的程度，有利于聚焦于我们的战略对话以提高影响力、效率和意义。

结果表明国际艺术学院院长协会正在满足人们尊重、信任、认可、意义和学习的需要。但是，方向、组织架构、能量等组织需要尚未得到满足。这说明自从我们第一次就身份和服务生命的目标这两个需要进行战略对话以来，该组织在这两个根源需要方面已经取得了进展。现在，团队成员准备好为如何在一个统一的方向上实现这些根源需要以及其背后的组织架构、能量和表达等需要来确定策略。

在讨论完国际艺术学院院长协会的身份后，我们使用梯度协议工具（详见第八章）做出决定，团队达成以下关于身份的陈述："协助各艺术学院的院长。"从这一点，组织的表达自然地产生了。随后，领导们确定了他们服务生命的目标："国际艺术学院院长协会为高等艺术教育代言。"国际艺术学院院长协会的存在和所做的决定都是基于这一唯一的目的，这改变了协会的架构和运营方式，它致力于"提供论坛和服务，以满足艺术学院院长和他们的执行团队的专业发展和网络需要"。

大家花了两天半的时间确定机构的激情在于:"本着合作有爱的精神和同志情谊共聚一堂,分享、创新、鼓励和合作,以促进艺术的发展。"这种强有力的、高度动态的、高度复杂的对话旨在展现每个人的智慧,共同创造出任何个人都无法企及的成就。

作为"协助各艺术学院的院长"这一服务生命的目标的具体说法,"共聚一堂"听起来很简单,但是在那之前,他们一直把自己的形象塑造得相当传统。这种情况即将发生改变。

他们马上将他们的新见解应用到几个月后召开的年度会议中。意图驱动会议的结构,而不是反其道而行。例如,他们不再聚焦于一种固有的形式,比如开五次会议,每次会议75分钟,而是问大家:"什么会议形式最利于大家'聚在一起'?"他们发现本次会议最激动人心的地方不是正式的会议,而是在会议之间、午餐期间或正式会议结束后的社交活动时人们聚在一起的时刻。因此,他们安排了更加随意的专业发展机会,例如邀请一位演讲者共进午餐。他们调整了他们的会议日程,结果会议结束后的调查结果表明,在所举办过的所有年度会议中,本次会议收到了最积极的反馈。会议表现得很像"协助各艺术学院的院长"与会议参与者共聚一堂,找到了快乐和力量,强化了协会的集体身份,交流思想,并提供实际的问题解决方案。

国际艺术学院院长协会也将"共聚一堂"作为保持、发展或停止各种项目或活动的试金石。例如,协会取消了电话指导项目,因为电话指导以一对一的形式进行,没有整个团队"共聚一堂"所展现的同志情谊。与其他有着"共聚一堂"成分的活动相比,人们对这个项目表现得不太感兴趣也印证了这一点。协会开始将"共聚一堂"的时间作为可量化的指标。

那一年，协会的年度会议出席率创历史最高纪录。在两年内确定了协会的目标是"协助各艺术学院的院长"，并改变了协会的架构和运作方式，协会成员增长了27%，在2010年还在持续增长。协会极大地提高了服务会员的能力。目前，他们正在进行战略规划，决定未来为会员提供更多服务和会议，为会员谋福利。

协会领导者开始逐渐清楚地看到董事会、委员会、员工和会员如何相互合作，也明白了协会可以采取哪些机制让会员们为国家政策献计献策。他们还在2010年的秋季会议中确定了如何描述相关架构及实施方案。

在2005—2006年的战略对话中，协会研究了杠杆需要——能量。它的经济引擎包括经济驱动力（每个成员的现金流）和资源驱动力（每个会员的时间、金钱和品牌资源）。这些都是柯林斯在《从优秀到卓越的社会机构》中明确指出的因素。[1]

· 时间——吸引愿意义务或拿比市场平均水平低的薪资的人做贡献。

· 金钱——持续的现金流（主要来自会费和参加年会的会议费，协会目前正在开发其他从会员那里筹措资金的新方式）。

· 品牌——潜在支持者深刻的情感善意和消费者品牌意识，以及人们如何看待组织在市场上的独特地位。

在后续的会谈中，协会也确立了开发这些资源及评估相关成果的行动步骤。

1　Collins, *Good to Great and the Social Sectors: A Monograph to Accompany Good to Great*, p. 19.

2010年年初，领导团队把重点放在根源需要的"方向"上，在保持组织身份的基础上，创建进一步的策略来满足组织服务生命的目标。着重于"方向"，是因为"方向"是下一个合乎逻辑的组织需要，同时也是组织需要里最没有得到满足的需要，是在16项个人和组织需要评估里得分最低的三个需要之一。

在确定了六种组织需要后，国际艺术学院院长协会得到扩展和振兴，对于其会员来说开始成为更有效和更令人兴奋的资源，同时也在高等艺术教育领域中发出重要的声音。寻找需要的整个过程使人们对组织的未来产生新的方向感和热情。

******

本章详细说明了如何在自我关系、人际关系和组织关系三个层面利用需要意识和语言来提升生产力，并更加清晰地聚焦在推动团队、团体或组织的成功。还描述了六种组织需要，以及组织如何从定义和满足这些需要中受益。

在本书第二部分的各章节，我将给出更多的细节、工具和技能将这些信息应用到职场中，逐步把基于需要的觉察转变为基于需要的意识。在这种情况下，"基于需要的觉察"是指意识到需要。"基于需要的意识"是一种更深层次的、包罗万象的哲学，包括对需要的觉察，以及在这种觉察下的生活和做出选择。觉察是通往意识的台阶。因为第二部分开始探讨如何把同理心化为行动，所以从现在开始，我把基于需要的觉察称为基于需要的意识。

第二部分

化同理心为行动

第五章

如何提升自我效能

> 我兴奋极了，我发现越快满足自己的需要……
> 我的工作效率就越高。
> 我也发现，当我停下来思考我的感受是不是出于某个需要，
> 有时候却发现我以为是需要，
> 却只是一些习惯或让我分心的事而已。
> ——参加基于需要的领导力和沟通培训的
> 一位执行团队成员

本书的第二部分提供了切实可行的策略和工具帮助我们发展同理连接的能力和对需要的觉察，进而提升我们在职场的工作效率，深化需要的意识。因为个人是职场中组织沟通三个层次的中心点，所以本章从自我效能开始。

如之前所说，我们和自己的对话（内在层次）会影响我们对别人说的话，也会影响我们如何理解别人的话（人际层面）。同时，它也影响我们解读和处理接收到的组织数据，尤其是顾客告诉我们的数据（组织层面）。进一步从逻辑上讲，在绝大多数正常情况下，我们只对自己有完全的掌控力。最后，与自己连接是"连接—思考—行动"中其他连接的基础，这是因为当我们与自己连接时，我们就能与他人以有意义且富有成效的方式进行更好的连接。在这种连接之下，其他满足更多需要的崭新

而丰富的策略就会出现。缺乏自我连接，就像收音机没有调准电台频道。如果自己的调频不当，我们的交流会混乱不清，也很难准确地理解别人想要传递给我们的信息。

使用"自我效能"一词的原因是它提醒我们要自我关爱。自我关爱的一种最容易和最直接的形式就是进行自我同理。我们在本书第三章的流程图中探讨过并概述了自我同理的步骤和流程。自我同理包括连接自己的感受和需要，它不是一个泛泛的概念，而是我们在任何时间内时时刻刻都可以做的事。

时时刻刻自我同理？我们的工作已经很忙碌了，如何做到呢？为什么自我同理对工作效率、对我们自己和他人的效率如此重要？

最近，我在举办一个关于同理心领导力和沟通技能的线上培训。参加培训的高管和经理们在培训间歇要做一些练习。有个练习是让他们观察自己什么时候会被愉悦或不愉悦的感受所激发，并确认观察到了什么引发了这些感受。随后，他们将这些感受与被满足或未被满足的需要连接起来。

一位部门总监分享说他取得了突破性进展。通过在工作日监控自己的感受和需要，他进一步了解到自己可以掌控什么事情，又有哪些事情超出了他的影响力或他愿意努力去做。他那种不知所措的感受转化成了明确的行动，他可以去做他能控制和有权去做的事情。他报告说因为他心里很清晰，所以感到释然，能量也提升了。

| 自我连接的好处 |

我第一次有意识地进行自我连接是在一家百货商店。那天早些时候，

我和另外两位顾问开会。我们组成团队为某客户开发一个项目，我们中的两个人要在一个全国行业会议上为此进行小组发言。开会时，我得知会议当天是我同事的生日。突然，一些想法毫无逻辑地朝我袭来，我开始想象她是发言者中的明星，而我将被排挤到舞台的黑暗角落里。我想象着她走进几百位观众欢呼着"生日快乐"的会议大厅中。当我走在百货商店的走廊里，我模糊地觉察到我全身有种不舒服的感觉好像马上要冲出我的皮肤。这种不舒服提醒我这是练习自我连接的理想时刻，这种感受邀请我开始一场自我探索之旅。刹那间，我的不安伴随着喜悦，我意识到这是发现一个未被满足的需要的成熟时刻。我记得自己在心里高喊着："我有未被满足的需要！"这种强烈的感受告诉我，我有一个非常重要的需要未被满足。

因此，我迈出了自我连接的第一步。我问自己："我此时感觉如何？"我先是大脑一片空白，然后我的大脑开始过电影一样地浏览着我猜测的感受词汇。生气？不。某种难过的感觉？不，不是。恐惧？现在我快猜到了，但是还不是。对了，嫉妒！我想象着同事将要受到的关注，这让我很嫉妒。我很开心自己的情绪识别能力又进步了。在此之前我从未有意识地觉察过嫉妒。我感到心跳加快，能量强烈地流动，好像我在一个与外界隔绝的气泡里，感觉就像死了一样。我的感受很奇特，同时混合着恐惧、生气和受伤，它们似乎在争夺支配地位。最后，我的内心在不停地对话。我带着觉察把它当成自我连接练习的一部分，所以能听到它说："你没她好。人们更喜欢她。你什么都不是。"

把内心的声音说出来后，我就能理智地处理我内心发生的事情了。我这些想象的荒谬之处显而易见。她的生日只是碰巧和会议同一天罢了！很明显这个事情跟任何人都没有关系，只是我在想象而已。然后我开始做自我连接的第二步。我问自己："如果这和他人没关系，我可能有什么需要呢？"

我知道我对自己的感受比需要更有觉察力。事实上，我必须刻意提醒自己，这个过程与我的感受无关。感受只是情绪能量，它的意义是我们赋予的。例如，生理上的恐惧和兴奋有相同的身体感觉和特征。运动心理学家经常帮助运动员把恐惧调整为兴奋。运动员想要肾上腺素骤然升高，甚至可能会感到紧张不安，因为他们的身体正在为创造巅峰表现做准备。对运动员来说，最糟糕的状况之一就是在重大比赛前感觉麻木不仁，没有兴奋的状态。但是这些身体感觉应该与赛前的兴奋相关，而不是恐惧。

这个过程的丰富性在于需要，也就是卢森堡识别出的人类共通需要，我们在之前的章节探讨过。需要不是欲望或者愿望，而是我们每个人身体健康和福祉的基石，也是彰显人性的基础。

我完成这次自我连接仅仅花了几分钟，和我在商店里寻找某个特定的通道时，从走廊这头走到那头的时间差不多。如果有人在看我，除了我看起来像在挑选物品，其他什么都看不出来。但是在我的内心，一个全新的世界正在向我敞开。

当时我连接到的需要是欣赏，欣赏我所提供的和其他人所提供的是不同的。突然之间，观众们怎么看我的同事对我来说不重要了。我意识到我可以为他们做贡献，这对我是最重要的。就在我这么想的一瞬间，之前的不舒服和焦躁不安变成了一种特别踏实的感觉出现在我的内心里。我内心的对话改变了，满足了我对欣赏的需要："我足够好。因为我是独

> 满足我们的需要，既是一种具有同情心的体现，又带来生产效率，不只是为了我们自己，也是为了我们周围的人。

一无二的，我有一些独特的东西可以提供。她也足够好，我祝她生日快乐！"这让我心生感激。

这次自我连接的过程给我的顾问工作带来了两个具体的影响。首先，我以我喜欢的方式为大家做了一次演讲。从我收到的反馈来看，人们觉得我谈到的把感受与自己和他人的需要相连接是有价值的。我分享了我的经历和我脆弱的一面，如果不是在百货商店的过道上做了那次自我连接，我是不可能这么做的。其次，我愿意以一种比以前更深入的合作精神，把我的同事当作朋友看待。这两个影响一直持续到现在。我理解马歇尔·卢森堡为什么要庆祝痛苦了。即使像这样一个表面上看起来小小的痛苦，也是一份礼物，让我们知道自己有未被满足的需要，给我们机会去制定策略来满足那些需要。作为自我鼓励的方式，我的客户经常重复一些我听卢森堡说过的话："未满足的需要是一份礼物！"

满足我们的需要既是一种具有同情心的体现，又带来生产效率，不只是为了我们自己，也是为了我们周围的人。我们为自己的生命服务时，也在为每一个我们接触到的人服务，不管是关系亲密的人还是偶然碰到的陌生人。自我连接是自我效能的基础，进而支持人际、团队和组织的效能。

| 无意识想法的危害 |

如果我们没有训练过注意内心的对话，它就会控制我们。我们会告诉自己一些事，而我们对自己的想法并没有觉察。我们倾向于直接把我们的内心体验和发生在我们周围的事情相关联，认为外界发生的事情是

> 高效团队和组织的领导者，首先要做自己想法和感受的主人，提升自己的观察能力，不失真，不曲解。

我们感受的根源。在工作场合，这种无意识可能会导致更大范围的混乱局面。

现在我认为，高效团队和组织的领导者首先要做自己想法和感受的主人。这样他们就能把自己的内心对话与他人的想法和语言进行区分，能够更充分地理解他人的想法和语言。他们提升了自己的观察能力，能够不失真，不曲解。

从这个角度而言，基于需要的意识让我们能够做到像科学家一样客观地观察现实。我们也能观察自己在各种情形中的选择和行为所带来的影响，就像科学家在实验中观察变量的影响一样。

在工作中，进行自我连接的主要目的是提升自我效能，以及提高为满足我们自己和内外部客户的需要做选择的能力。

感受在决策中扮演的角色

事实证明，当感受没有被思考左右时，会在人们做选择时扮演着至关重要的角色。脑神经科学的最新研究表明，情绪在一个人做出有效决策中的作用胜过殚精竭虑的分析。在乔纳·莱勒所著的《我们如何做决定》一书中，他用了整整一章探讨这一现象，并巧妙地把这一章叫作"噎在想法里"。他在这一章中记录了六项实验，分别来自商品评论先锋《消费者导报》、加州理工大学和斯坦福大学研究人员的研究。如莱勒所言，这项研究"说明总是依赖理性大脑的危险。有时候我们进行了过多的分析，当你在犯错的时候思虑过多，你就切断了与自己情感智慧的联系，而情感在评估真正想要什么方面更有智慧。你丧失了知道自己真正想要什么的能力"。[1] 当你在做决定时,莱勒建议"应该经常考虑自己的情绪,想一想你为什么会有这些感受"。[2]

为什么你会有这些感受,与你被满足或未被满足的需要有关。

| 提升自我效能的自我连接方法 |

我曾为之做过咨询服务的员工和经理们反馈说,通过以下方式练习自我连接,有助于他们在工作中觉察自己的选择。

1. 在每天差不多同一时间段,花大约15分钟时间写一写自我同理的四个步骤(观察、感受、需要、请求)。

2. 提醒自己定期自我评估内心的感受和需要,例如每天的一日三餐、每次喝水的时候或者每两小时进行一次。

3. 和一位你信任的同事("同理倾听伙伴")聊10分钟,在这个过程中,你可以随便说1~3分钟工作中发生的事情。如果你没有表达自己的感受和需要,你的同事可以试着猜测一下;如果你提到了,你的同事向你重复你的感受和需要。他同理你是为了支持你进行自我同理。

4. 把关注点放在连接其他人的感受和需要上。从早期开始直至今日一直指导我学习非暴力沟通的老师希尔薇亚·哈茨威兹告诉我,很多人发现同理他人是一种更容易与自己建立连接的方式。我记得在我学习非暴力沟通之前的很久以前,有一次让我对生活中的事情感到害怕。我当时把注意力全都放在那些无用之事上。然后,我有了一定的洞察力,停止关注自己,去做那些对身处痛苦中的人有价值的事情。这么做起了作

---

[1] Lehrer, *How We Decide*, pp. 142–43.
[2] Lehrer, *How We Decide*, p. 249.

> 可以从识别自己的感受并将其连接到需要开始练习，或者只是练习体会身体的各种感受。

用，我马上与自己的感受和需要有了进一步连接，能够对自己和他人提出请求，这让我不再感到绝望。另外，得到我支持的人也从中受益了。

5. 冥想或静坐，连接自己的呼吸和身体。虽然我的很多客户发现，早上起床后先做20分钟冥想，然后在午餐时再做5分钟是最理想的，但我发现即使做60秒钟的冥想也能带来好处。

我想要重申一点，自我连接，尤其是在商业世界里，并非虚张声势，而是非常实用的。它的作用是创造连接，我们可以对自己和他人提出请求，从而满足自己和周围的人尽可能多的需要。核心是，这个过程关乎生产效能的改变和进步。

也许这些练习对你来说有些难度，或者当你尝试时，你会觉得麻木或者一片空白。我发现那些习惯了快节奏工作和紧凑的日程安排的人，常常会发生这种情况。记住，你可以从识别自己的感受并将其连接到需要开始练习，或者只是练习体会身体的各种感受。

| 情绪的挑战 |

米里亚姆·格林斯潘在《穿越黑暗情绪的疗愈》一书中提到"情绪炼金术"。她说，我们可以把情绪，尤其是悲痛和恐惧之类的情绪，转化为感恩和欢乐的情绪以及忠诚和勇敢这样的属性。然后，我们可以调动这些充满力量的品质服务于我们的工作，以满足他人的需要。自我同理的过程是把这些"黑暗"情绪转化为正能量的一种方式。

我曾为一位从惠普公司退休的高级销售经理做过咨询服务。他说自己曾经在部队服役，是一个非常务实的人。因此，当我在一次培训结束后问他有什么收获时，我很惊讶地听到他说我推荐的阅读书目对他很有帮助，他特别提到了书目中有格林斯潘的书。我问他为何认为那本书如此重要，他说，在他多年在公司和部队里工作的经历中，人们的情绪是团队面临的最大挑战。他发现人们的情绪多种多样，是人类天性的一部分，会在工作中很自然地表现出来。

当我听到前执业心理咨询师卢森堡说，美国有超过半数的处方药物都是用来治疗抑郁症时，我感到非常震惊。我和一些团队分享这件事情时，他们有时候会回答："不止吧？"职场是人们生活的延伸。如果他们在办公室之外感觉很糟糕，他们在办公室里的感觉也是一样的。认识到这一点并同理团队成员和同事很重要，因为可能有很多人必须每天使用药物来应对自己的情绪，这个比例比我们预期的还要高。我并非暗示这有什么不好，只是意识到它的存在并且温和地接纳事实。情绪影响我们职场生活的方方面面。

情绪存在于身体中

格林斯潘在她的书中写道："我无法详尽地说明这一点。感受在你的身体里。谈论感受和体验感受是不一样的。情商是一种身体智能……（所以）你必须知道如何倾听你的身体。这是感知情绪的技能。"[1]

在我因工作参与的一些小组中，我会让大家做一个我为自己设计的练习。我给大家一个简单的人体轮廓图，让他们首先通过辨识身体的感觉来觉察他们的感受和需要。例如，他们可能会静止60秒来注意自己

1　Greenspan, *Healing through the Dark Emotions: The Wisdom of Grief, Fear, and Despair*, pp. 80–81.

> 未被识别的感受不仅可能会破坏我们与他人的交往，也可能会对我们的健康造成灾难。

身体紧绷的部位。他们可能会发现下颚和嘴巴感觉紧绷，舌头紧抵着上颚而不是放松地平放在嘴里。或者他们可能感觉肩膀僵硬。然后，他们在轮廓图上画出紧绷的范围，紧绷的区域有多大？这是一种持续的感觉吗？它会脉动还是会发生其他情况？这种感觉和身体的其他部位相关联吗？如果给这些感觉命名，这会是什么感受？

在一次小组会议上，一位参会者敏锐地观察到："我在工作会议上注意到一件事情。人们的面部表情表明心理的紧张（比如紧紧抿着嘴巴，双眉紧皱），因此尽管他们没说什么话，但他们的面部表情已经告诉我们一些信息了。也许我可以学着识别我身体上的紧张并将它描述为一种感受。我的牙医说，因为我总是磨牙，我的几颗牙齿的牙釉质已经快磨损光了。我在某些工作情形中会咬紧牙关，但我从来没有停下来想过当时有什么感受。现在我终于明白了！"

未被识别的感受不仅可能会破坏我们与他人的交往，也可能会对我们的健康造成灾难。格林斯潘指出："如果我们缺乏熟练倾听身体情绪语言的能力，身体会出现'各种症状'，呼唤我们的关注。长期的轻微胃痛可能会逐渐变成胃溃疡，未被发现的悲伤情绪也许会发展成焦虑症或抑郁症，未被接纳的恐惧会通过降低免疫系统功能和身心失调表现出来，未得到承认的绝望会栖息在我们的身体里，诱使我们以危险的方式对待自己和他人。"[1]

事实上，自我同理不仅对健康有益，也让我们在健康时更容易同理自己和他人，因此这两者产生了有价值的协同作用。

---

1 *Healing through the Dark Emotions*, p. 81.

| 健康的连接 |

已经有很多书探讨过饮食对身体健康的影响，但我在这里要特别指出降低我们自我连接能力的三种因素。

第一，咖啡因。在职场中，咖啡和"能量饮料"常被用来替代天然能量。我承认自己偶尔也摄取这种人工能量，它帮助我在旅行或赶工时打起精神。然而，长期大量摄入咖啡因会造成不良后果。对许多人来说，咖啡因的刺激使他们的身体感受和情绪分家。我曾见过职场中因大量摄入咖啡因引起的愤怒和焦躁不安的低效工作表现，并会在第九章加以说明。

第二，精制糖类。我的同事希尔薇亚·哈茨威兹是一位注册营养师。我和她一起为团队进行培训时，她会为大家设计精糖含量低、富含天然能量的食谱。我们可以看出，摄取精制碳水化合物和精制糖类，会直接影响到人们的专注力，还有与他人交往以及讨论重要商务的能力。

这种情况在工作场合中也常常出现。人们需要能量进行同理连接。当我们感到筋疲力尽或非常疲惫时，我们不太可能有动力创造富有成效的连接。你可以在哈茨威兹所著的《非暴力沟通·食物与身体关系篇》一书中了解到她在非暴力沟通和食物方面更多的见地。[1]

第三，健康受损。在我写这本书的三年中，我遇到了很多健康问题。我得了甲状腺癌，做过两次手术，因为贫血和免疫力低下而身体虚弱。这三年中我得感冒的次数还有其他健康问题比我这辈子其他时候加起来都多。在这个过程中，我发现我和他人的交往也不像期待中那么好。当

---

[1] Haskvitz, *Eat by Choice, Not by Habit: Practical Skills for Creating a Healthy Relationship with Your Body and Food*.

我感觉好一点的时候，我进行自我宽恕，并尽我所能和他人重新建立连接。因为以前的我健康状况一直不错，所以这对我来说是一次重要的经历，让我学习如何通过自我连接应对满负荷的工作和压力重重的家庭生活。从那时起，我意识到了健康出现状况是重要的信号，意味着我没有得到或者请求足够的支持，或者一些基础性的事务不太协调。我还了解到，和有严重健康问题的人生活在一起会非常劳累，需要从专家那里取得建议，更好地照料病人。我非常感恩可以选择更好地支持自己，也因为这样，也更好地支持到别人。现在，我的癌症已经痊愈，完全恢复了健康。我知道了对于慢性病患者来说他们的生活是什么样子，对于他们每日面临的挑战我有了更深的同理心。

我的经历让我得知健康对我们的同理心连接能力大有帮助；反过来说，通过自我连接照顾好我们的情绪对我们的健康也有益。

不要等到我们被疾病症状击倒时再去发现和了解我们的感受。前面提到的那些练习可以帮助我们建立对感受和需要的觉察。这些方法很实用，在提升我们工作效能的同时，也让我们保持身体健康。平日里我们很忙碌、不堪重负，行程也很满，我们过度思考和分析，对自己的感受麻木不仁，而自我连接可以打破我们惯用的模式，将我们带回当下。这些练习让我们与自己的感受和需要连接，为工作效能注入自然的能量，而不必靠咖啡因的刺激这种焦躁的能量硬撑。我们都曾体验过自然的能量，我们经历的时候，感觉很美妙，我们的工作不再是一种负担，而是充满了乐趣。情绪和精神健康是通往工作效能的大门，不仅可以服务于我们自己，也可以服务于我们周围的每个人。

*****

本章讨论了如何通过自我连接进一步觉察我们自己的感受和需要，提升自己的工作效能。下一章我们继续探讨如何使用这种觉察来帮助我们在工作中与他人创建同理连接和富有成效的关系。

第六章

如何提升人际效能

> 思科是一家总部位于美国加利福尼亚州的互联网科技公司。每当公司员工遭遇人生的重大变故时，例如家人离世，公司总裁约翰·钱伯斯一定会在48小时内与该员工联络，致以慰问和支持。公司里其他人纷纷效仿他的做法，对同事表达善意。员工们一致认为思科是美国最理想的工作场所之一。[1]
> ——吉尔·萨蒂《〈穿越隔间的慈悲〉》

大多数人都听过或用过"只见树木，不见森林"这句谚语。但在职场中，我们往往"只见森林，不见树木"，我们看到了组织结构，却看不到里面的人。当我们看不到根植于人性中的共通的感受和需要时，我们就看不到自己和他人所做的工作的意义。不仅工作目标模糊不清，人们也失去了基本的慈悲和连接。在这种情况下，大家都感到很痛苦，士气和工作效能也会降低。事实上，连接是如此重要，休斯敦大学社会工作研究学院的研究员兼教授布瑞妮·布朗博士甚至说："连接使我们身处此地，这是我们生活的目标和意义……从神经生物学的角度看，我们天生就应如此连接……"[2]

---

1 Suttie, "Compassion across Cubicles," *Greater Good*, Spring/Summer 2006, p. 31.
2 布朗，TED演讲。

> 所有组织的建立都是满足人类需要的策略。否则，它们将不复存在。

组织的目标和存在的意义是什么？建立组织是满足人类需要的策略。这个问题可以从两个方面来看。一方面，组织不像人一样有与生俱来的生存权。组织的存在是为了满足对人有益的需要。即使研究鲜为人知的动物或昆虫的科学团队，也是为了满足人类获取知识的需要。如果某个组织要满足的需要对人来说不那么重要，或者人们的需要发生了变化而不需要这个组织了，就不会再向它提供资源支持，它就无法继续存在了。想想这种情况，当科技进步使得某些公司的产品过时了，这些公司就会倒闭或者改变经营策略。

另一方面，当一个组织继续存在，它就或多或少满足了人们的某些需要。一些人可能不认同某个组织采取的策略，例如为了满足享乐的需要却牺牲健康而制造香烟。无论如何，尽管这些组织满足人们需要的目的是谋取利益，而且让顾客付出了代价，但它还是满足了人们的某些需要，否则它将不会继续存在。

尽管组织不像人一样享有同样的权利，但是组织和生命系统的特质有很多类似的地方，例如生命发展周期、文化特征或个性以及共通的需要等。我们之前讨论过，组织共通的需要之一就是服务生命的目标。

因此，当一个组织中的人与他们所服务的需要——服务生命的目标失去连接，这种脱节通常会体现在他们和组织中其他人的关系中。人们不再为共同的目标一起工作，也无法相互理解；整个组织分崩离析，人们各自为政，单纯为了薪水而工作。当组织的整个系统运作和人际互动都是围绕需要而进行的，一切就有了意义，连接就会发生，生产力也会得到提高。

| 改变生命的领悟 |

哈茨威兹说过:"与其他方式相比,将非暴力沟通引入商业世界能够更快促进系统变革。同理心让连接成为可能。连接意味着让职场人性化,改变我们生存的世界。"以下是她描述的商业领域中的一次人际沟通过程。在下列案例中,一个人的洞见打开了同理心的大门,使连接得以建立,从而更有可能提升生产效率。

我给一家中型公司的经理杰瑞做过一次个人教练培训课程,当时他对一个员工感到沮丧和恼火。

我和他进行了同理连接,也就是向他反馈他的感受,让他知道我理解他了。随后我问他:"你猜一下这位员工的感受和需要是什么?"

他陷入了沉默,然后突然顿悟了。他说:"天啊,我几乎从来没想过他的感受和需要。"

杰瑞的发现给他的生活带来了改变。他发现自己一直在给对方贴标签,从来没有想过了解这位员工让他恼火的那些行为是为了满足员工自己的哪些需要。

就在那一刻,这位员工被人性化地对待了,杰瑞的评判通过同理心得到了转化。和对方建立连接的可能和合作的意愿也随之产生。

(希尔薇亚·哈茨威兹已被列入本书的贡献者之一。这一事件是真实的,但是经理的名字是化名。)

我们都曾有过类似的经历,一些人比其他人带给我们更多的挑战,他们的表现不是我们所期待的,或他们的价值观和我们的不同。我们认为他们"很难相处"或者说和他们谈话"非常困难",我们以为自己很客观,事实上,正如我们所了解的,这些是我们对他们的道德评判,是我们自己未得到满足的需要的晦涩表达。在职场中,这种摩擦可能会带来双方的不愉快,甚至灾难。我们如何化解这种状况,甚至更进一步去转化它呢?我们可以进行观察而非评判,也可以在觉察自己的评判的同时,考虑自己和对方的感受和需要,然后提出明确的请求以满足双方的需要。

| 翻译为非暴力沟通四要素 |

无论我们听到什么,我们都可以把听到的内容翻译成非暴力沟通语言中的四要素——观察、感受、需要和请求。在和对方还未建立起相互信任的关系之前,我们可以默默地进行这个过程;如果清晰地分享对于对方都很重要,那就大声说出来。仅仅大声说出感受和它背后的需要,就能在他们不开心时让不愉悦的能量消失或在他们开心时增加愉悦的能量。例如,当我们说我们感觉有压力或者难过,想要更多的休息和玩耍时,压力或难过可能在我们说出来时就慢慢消失。我的经验告诉我,告诉别人我们的感受是很有力量的。当我们说出感受的同时提到需要有可能会带来转化,因为请求自己和他人做出改变的机会,常常伴随着表达感受和未满足的需要。如果需要已经得到了满足,所提出的请求可能是为了继续满足它,或者是庆祝将这种满足需要的支持固定下来的方式。

因此,有时候这么问别人会很有效果:"你感到焦虑是因为你希望得到更多的肯定或者保证吗?"对方也许会回答是或者不是并解释说他很担心。作为回应,你可以问对方是否愿意谈一谈。让对方说出自己的感

> 帮助别人说出自己的感受和需要并谈论它们,会减轻这个人的负担,并提升这个人的整体效能。这个过程也许只需要几分钟,却是你能给予职场同事的一份无价之宝。
>
> 当我们明确了对方的需要,我们就掌握了对方所说话语的核心意思,这可以大大地节省时间。我们还可以通过取消无法满足重大需要的行动来节省时间。

受和需要,通过谈谈他们自己来减轻他们的压力,可以提高这个人的工作效能,而这是我们可以给予同事的无价之宝。

正因为如此,管理人员和团队领导的教练和指导已经成为重视效能的组织的重中之重。关心个人就是关心事业。

人们经常问我,如何在繁忙的工作中纳入这个过程,因为这比我们平时习惯了的沟通方式花的时间要长。一位参加培训的经理罗布觉得花时间进行同理和连接很奢侈,如果他有时间,那做起来还不错。罗布告诉自己没有时间进行人际连接,连试一试他都无法想象。让人觉得讽刺的是,他还不懂得,当我们明确了对方的需要,我们就掌握了对方所说话语的核心意思,这可以大大地节省时间。我问他是否愿意听听我的建议,他同意了。于是,我提了两点建议。首先,他可以先同理自己或者让别人同理他不安的感受以及他希望更放松、更有进展和花更多时间与他人相处的需要。我猜测他对自己要求太高。因此,他不给自己时间进行自我连接,在工作中也没有太多时间和他人连接。其次,他可以只是试一试,看看感觉如何,评估一下这么做对自己和对方的效果。例如,他可以在没有什么沟通风险的情况下,用10分钟或者更短的时间试试这种连接的方式。他可以在一段不会因沟通不良而产生不好结果的关系中进行尝试,比如与那些来自不同部门、不太可能再打交道的人进行互动,或者是与已经建立了高度信任关系的人进行尝试。

在培训结束时,罗布说他喜欢我的主意,愿意在他当天下午的会议上试试其中一个。几个星期后他反馈说,这个流程给他带来了意想不到的好处。他更加清楚要把时间花在那些可以带来改变的事情上,也更加清楚他不愿意在哪些事情上浪费时间了,因为没办法带来回报。

在培训过程中，我已经分享了一些人际连接的策略，并帮助人们理解在带领团队和主持会议时这些策略如何发挥作用。我们不是和团队发生关系，我们是和团队里的每个个体发生关系。在开会时，即使我们面向一群人发言，实际上我们也是在不断地和团队里的每个人进行交流。我们和团队里的个人建立关系，而不是和整个团队建立关系，这是第七章的主题"提升团队或组织的工作效能"的核心原则。我们和人产生连接并建立起关系，因为我们可以连接到人们的感受和需要，而团队和组织本身是没有感受和需要的。事实上，团队和组织中的人们感知到集体共同的需要，我称之为"组织需要"。

在工作中与他人沟通时，我们可以练习听到对方言语背后的需要。尽管我们经常能做出明智的猜测，但为了促进双方的关系，我们还是可以带着连接的目的和关心，直接询问对方的需要；或者我们只是默默地猜测。根据我的经验，这会给我们的连接带来能量和价值，也会促进双方的互动。

| 确认对方说的和我们听到的意思一致 |

不管是在一对一的交谈中还是在团队会议中，当我们表达一些对自己或对团队效率很重要的事情时，我们需要得到理解。因此我通常会说："刚才我说的内容对我来说很重要，我不知道是否表达清楚了。你愿意告诉我你听到我说什么了吗？"如果我在提出这个问题时心里不是很自在或者态度不够诚恳，那么，别人可能会以为我在玩弄"技巧"。当人们知道我看重清晰时，我发现多数情况下他们很乐意回答我的问题。我也可能会这么说："我看重和你之间的关系，我刚说的话对我们的关系有益。

如果你能告诉我你听到我说了什么，让我知道我是不是表达清楚了，我会非常感激。有时候我说话不像自己认为的那么清楚。你觉得可以吗？"用你觉得舒服的方式进行表达。但我发现如果问对方："你理解我刚才说的话吗？"这会把沟通的责任推给对方，可能会让他听着不舒服。我发现有大约一半的情况，对方没有听到或理解我的意思。我知道如果我不问，我就会失去和对方建立连接的机会，也会失去让自己变得足够专业足够清晰的机会。

在十几岁的时候，我们很多人都有过这样的经历：有人问我们是不是听懂了，是为了羞辱或惩罚而不是出于连接。虽然言语背后的目的最重要，但以最有可能建立连接的方式构建语言本身就是一种富有成效的做法。当我们在团队或职场中职位较高，或在给别人做绩效评估时，这一点尤其重要。

| 绩效评估 |

在绩效评估中使用非暴力沟通四要素特别有效。当我们使用观察而非评判的语言时，我们不仅可以减少发生冲突、不安、士气低落和防御等的可能性，也能明确双方的需要并为了满足它们而提出请求。向我咨询的经理和员工常常告诉我，他们最不喜欢的一项工作就是绩效评估，不管是评估别人还是被别人评估。评估很有可能会造成更多的焦虑和距离，并比任何人预想的更严重地降低士气。

如以下故事所说，用客观观察而非评价的形式给员工反馈，能够促进沟通，并以一种建设性的方式帮助员工理解领导的期待。

几年前公司管理层开度假会议,我们办公室的一名行政助理杰达协助我安排场地。当她到达会议现场并开始布置场地时,我发现她穿的衣服让我很喜欢,我之前没见她穿过。我几乎是随口说了一句我喜欢她的套装,衣服的色调、搭配和裙子的款式都很棒,我觉得她这么穿看起来很"职业"。然后我们继续工作。在总结当天活动时我问她今天有什么收获,她的回答让我出乎意料,居然是我对她衣服的那些评价。随后她跟我说,她在另一家公司工作期间,有一次绩效评估时别人说她穿的办公室服装不够"职业"。她问他们具体不喜欢什么,没有人能够说出观察结果。他们只是告诉她:"穿得再职业一些。"之后,杰达每天上班前都要花一个小时甚至更多的时间站在她的衣橱前选衣服,努力地评估什么衣服是"职业"的。她觉得困惑也很沮丧,很多次在衣橱前掉下了眼泪。我惊讶地得知有整整五年时间,她早上去上班前都是这样度过的。由于这个原因,当我说我喜欢她的套装并说出了一些具体的观察时,她觉得就像置身于天堂。作为她的雇主,我认为她看起来很职业,并且能够明确地告诉她,她穿的衣服有哪些元素符合我说的"职业"的标准。

(案例中的人名为化名。)

就像前面在第四章所解释的和杰达的经历,说明当我们告诉别人具体的细节,例如我们喜欢什么并希望对方继续下去,或是我们希望他们做出哪些改变,会对别人很有帮助。与"你这个季度的报告非常出色"相比,以下这种说法更能帮助到对方:"你这个季度的报告增加了三个部分的信息,插图也增加了一倍。期待看到下一批报告。谢谢你。"或者与其说"你的报告交得太晚了",不如说:"我发现你周五交给我的报告是周三之前应交的。你愿意说说发生了什么事吗,这样我们就能找到一种方式来相互支持,保证在我们都期望的计划时间内提交信息。"

第三章和附录里出现的职场中的感受列表和职场中的需要列表可以帮助我们与自己和他人的感受和需要连接。第四章中出现的非感受和非数据的表格可以帮助我们区分,是进行同理从而得到有效的绩效评估,还是基于正面或负面的评价、评判和指责所做出的评估。

总之,无论使用什么语言、采取何种行动,都是为了最大限度地表明你会把别人的需要等同于你自己的需要。

恩典状态记录表

由莫林·麦卡锡和泽尔·纳尔逊共同开发的恩典状态记录表,可与非暴力沟通一同使用,是一个非常有价值的工具,用来揭示需要,帮助并确保人们在绩效评估中和结束后继续合作。

除了自我意识,当今世界也要求人们有合作意识。我们如何在跳这支快步舞时不踩到对方的脚呢?恩典状态记录表由人们合作完成,让大家在信任和尊重的基础上,建立、维护和增进内部与外部的商业关系,提升人们的健康并提高利润。每个人完成记录表时都有他人参与,他人有可能是两个人或两万人。

记录表包含吸引个体的因素、特殊的工作、所在的公司或团队、每个人的工作方式、处于压力下的需要以及期望等。如果有必要,它也会提供一条重返和谐的道路。它常被用来替代传统的法律合同或作为强有力的补充。每个人都在设计和定制与他人的关系,而非必须适应已有的关系结构。目前,恩典状态记录表已经被翻译成多种语言,以帮助个人、团队、整个组织、跨国公司以及其他社群创建更有弹性的关系。从绩效评估与新的商业伙伴关系到董事会、客户和供应商之间的关系，恩典状态记录表构建了基于需要的对话基础，这往往是传统企业所缺乏的。

下面是记录表的内容，从中可以看出它是如何应用于绩效评估中的。

恩典状态记录表包括五个方面的内容：

1. **我们的故事**。分享是什么吸引你加入这群人和这个环境的。不断回顾原因并与之重新连接是绩效评估里很关键的一个方面。

2. **互动方式和预警信号**。给出"我的蓝图"——你如何能在工作中做得最好，在感觉良好的一天你看起来怎么样，在糟糕的一天你可能需要什么但当时无法提出来。这些"蓝图"会随着人的发展变化而不断更新。

3. **期待**。列出你的核心价值观和不容商量的要素，这是你需要创立和维护关系的框架。这部分内容通常包含了标准的绩效评估要素。

4. **让大家重返和谐的问题**。每个人都提出一些问题，以帮助大家在需要的时候调解矛盾，重返和谐的关系，能更快、更容易地度过困难时期。大家提出的问题可能包括：我们想要说出之前没说的话吗？我们注意到了什么？我们对出现的状况感受如何？你愿意……吗？

5. **短期和长期协议**。短期：你同意只要感觉有一丝不舒服，就会在24小时到三天之内重读记录表，并使用这些问题让大家重返和谐。长期：万一发生了无法想象的情况，你也无法去回顾记录表里的问题，你同意会在某个明确的时间段内，例如五年内，与大家重聚以寻求和谐。这样的承诺避免了在事情出现不愉快的结果时，人们终生抱憾，矛盾永远不能化解。它允许通过一段自然疗愈的时间拥有一种开放性。为了把痛苦降到最低，你也同意不在同事之间以及行业内谈论任何有可能给对方造成伤害的事情。

传统的绩效评估着眼于目标或指标，并衡量员工的工作怎样达成这些目标。用恩典状态记录表取代现行的绩效评估或两者共用，结合接下来本章会介绍到的非暴力沟通流程，让我们有能力去评估工作成果，也能评估相关人际关系对企业的影响力。与只有一方负责评估的方式不同，双方都需要对评估负责，并详细讨论同事们如何一起有效地合作。恩典状态记录表包括最初的绩效评估，在接下来的每次评估中，所有五个组成部分都会随着人员和项目的发展而更新。

恩典状态记录表促成真正的全方位合作。它能够：

・持续讨论各方如何能够相互支持，满足彼此的需要，而非单方面对别人进行评估。

・把自上而下的评估过程转换为循环进行的方式。

・聚焦可持续的合作，而非下属"应该"如何改变。

・充当第三方调解员的角色，帮助人们在进行困难的对话时放松下来。

・让人们更深入地理解自己和他人，建立相互依存的关系。

・大幅改善绩效评估的过程和底线。

从传统的绩效评估切换到恩典状态记录表很容易，因为它的架构本身就让人知道如何使用。恩典状态记录表会提升团队内部的工作效率、创造力和信任感，并且会丰富日常的互动。将记录表与非暴力沟通的四要素——观察、感受、需要和请求相结合，能为组织创建一个连接和可持续合作的环境。

（恩典状态记录表中心被列入本书的参考资源，莫林·麦卡锡和泽尔·纳尔逊也被列入了本书的贡献者。）

奖励

听起来似乎有悖常理，但是在以需要为导向的情境中，表扬和奖励会被看作与指责和惩罚一样。为什么这么说呢？因为无论是正面还是负面的道德评判都被视为对人的评价。当一个人的行为不是出于他的内在动机，不是真正渴望去满足自己为他人做贡献的需要，那么这两种方式只会带来"好的"行为或"不好的"行为这两种暂时的结果而已。如果一个被表扬或被指责的人不是为了满足需要做事情，那么表扬或指责就是外部操控的形式。这里所说的操控，是指我们旨在让别人感到恐惧、内疚、指责、表扬或赞赏，让他们因而去做我们想让他们做的事或继续让他们做某事；他们做事不是因为自己乐意或内心想做贡献。操控就是试图让别人做某事来满足我们的需要，而牺牲他们自己的需要。

奖励通常被用来诱使人们有更好的表现，但是这么做奏效吗？埃尔菲·科恩在他的前沿著作《奖励的惩罚》中写道："说服了无数父母、教师和管理者，让他们相信，试图用诱导的手段操控他人在短期内也许有效，但最终会失败，甚至造成永久性的伤害。"科恩从数百项研究中得出结论：当人们受到金钱、成绩或其他激励措施的诱导，他们的表现实际上是欠佳的。我们越是使用人为的诱惑来激励他人，被激励者就越会对被贿赂去做的事情失去兴趣……奖励和惩罚是同一枚硬币的两面，而这

> 在以需要为基础的情况下,当表扬和奖励的意图是基于对别人的评判或评价去操控别人,而不是基于可以增强别人完成工作或任务的内在动机,那么,它们的破坏性会与责备和惩罚一样大。

枚硬币买不到太多东西。[1]

与其使用外部诱导,不如激发人们的内在动机,与我们自身的内在需要相连接可以激励我们,例如做贡献的需要、工作取得良好结果带来的满足感或者成就感等。

需要说明的是,如果赞扬或奖励来自给予者和接受者双方的需要,是基于观察并用来表达感激的一种行为,通常我并不反对它们。但若不是本着这种精神,奖励给个人和团队效能造成的损害也许和责备差不多。

| 都不奏效怎么办 |

如果一个人特别希望得到外界的奖励,得不到就不努力工作;或者很多时候不能按照岗位要求完成工作以满足他人的需要,那该怎么办呢?或许这时要考虑他是否与组织的共同价值观以及身份相匹配了。也是时候要找出这个人有什么需要没能得到满足,这样可以在组织内部或者其他机构找到更适合他的工作。

这个概念很微妙。我曾经为一家公司的总裁提供咨询,那时他和其他人经常为了一个同事苦恼不已。他问我:"怎样才能慈悲地解雇一个人呢?"我们就这个话题进行了探讨,目的是寻找一种策略,满足员工有意义地工作的需要,满足总裁让工作得以完成的需要,还有满足组织对组织结构以及分清双方角色的需要。有时候,解决组织内部的冲突被认为是通过改变某人的行为来完成。但就像在第二章提过的,柯林斯在

---

1 Kohn, *Punished by Rewards: The Trouble with Gold Stars, Incentive Plans, A's, Praise, and Other Bribes*, back cover.

> 如果我们只是调解人与人之间的冲突而忽略了他们共同工作的系统，我们就把时间和资源浪费在了处理出现的症状而非解决根本原因上。

《从优秀到卓越》中指出：如果你不得不管理某个人，意味着他很可能不具备其岗位所需的技能或与团队的价值观不符。出于这个原因，他说，重要的是要让"对"的人坐在"合适"的位置上。[1] 改变和教授技能远比改变价值观要容易得多，因为价值观在我们个人性格发展的早期就已经形成了。

确保查看系统情况

人力资源专业人士长期以来都明白：如果某人不适合他的工作却依然让他留在岗位上，对员工和老板双方都没有好处，也影响工作效率。然而，首先一定要审视这个员工所在的系统。这适用于我们之前探讨的概念，那就是，工作中绝大多数的人际冲突是系统问题而非个人问题。如果我们只是调解人与人之间的冲突而忽略了他们共同工作的系统，我们就把时间和资源浪费在了处理出现的症状而非解决根本原因上。我们不想看到的状况可能会再次发生在这位员工身上或他的下一任身上。

当工作中出现人际冲突时，我们可以先从需要的角度提出以下问题。很多组织已经不再使用"顶头上司"、"经理"以及"员工"等这些等级制的管理概念，而是把人们称为团队成员，所以在这里，我用"团队成员"代替"员工"一词。

1. 团队成员是否接受过以观察为基础的培训？培训中所有人都清楚绩效成果看起来和听起来是什么样子。

---

1 Collins, *Good to Great: Why Some Companies Make the Leap . . . and Others Don't*, p. 41.

2. 是否有系统可确保培训达成目标,并且让团队成员能够把目标融入自己的工作中?

3. 是否有必要的系统让团队成员可以定期、可靠地获得重要信息和支持,以保证良好的工作表现?

4. 团队成员能否得到必要的资源来让他做好工作?

5. 围绕团队成员和他的工作任务,是否建立起这样的问责系统:以观察为基础;能够提供及时反馈;对更大的组织是透明的?换句话说,团队成员是不是在绩效透明的支持下有一个自我管理的系统?我举个例子说明一下。假设我是10位销售人员的销售主管。我不会去"管理"他们,而是首先和他们讨论我们的市场和目标,他们就会知道我们的基准。然后,我的工作就是确保他们有透明的反馈,例如在团队共享的信息平台上发布我们的目标进展。这样,团队成员就能够了解自己是否达成了目标,同时也能了解到团队里的其他人员是否在朝着他们的目标前进。当重要的信息公开透明,大家便可以根据达成共识的目标在既定范围内进行自我管理。

6. 在岗位既定的范围内,团队成员有没有职权和自主权去自行选择以达到预期的结果?

如果团队负责人或创建团队运行系统的人没有处理好这些系统问题,只是解决团队成员和其他团队成员或团队领导之间的冲突,那么这种做法只是治标不治本。如果将资源用于解决问题的症状而不是根源,这样做对团队成员不公平,也浪费了组织的资源。

人际冲突可以被视为一份礼物,因为它说明我们有未得到满足的需要;同样,团队成员的工作表现不尽如人意也是一份礼物,因为这常常说明我们的工作系统有缺陷。保持客观的态度并把重点放在个人和组织的需要上，就能把绩效评估当作提升个人绩效的机会，也是查验和改进系统绩效的机会。

<h3 style="text-align:center">需要绩效观察表</h3>

在工作中，有一种方式鼓励人们直接地沟通并促进连接，我称之为需要绩效观察表（Needs Performance Observation，NPO）。NPO 在两个人之间进行，比如经理或团队领导和团队成员之间，或者是在同事之间或者团队成员之间。例如在团队考核或者 360° 考核中，每个人从团队成员中选择几位对他进行考核，考核都是在两个人之间进行的，由多个两人组完成。每个人先填写自己的，再填写对方的。首先，也是最重要的，这是一种自我考察。

我的客户在 NPO 中加入其他内容，比如岗位职责矩阵或目标矩阵。我把 NPO 与工作的"职责描述和影响报表"结合，列出该职位上的人员需要满足的需要。

将"职责描述和影响报表"与 NPO 结合的关键在于工作影响报表里关于"需要的影响"的部分。以下是关于"需要的影响"的简单例子，当一个公司从行政助理到公司总裁都在完成职责描述时，以下需要将得到满足。

影响：

1. 总裁在领导力、管理、团队、客户和供应商关系方面游刃有余、高效且很享受。

2. 办公室井井有条。

3．团队成员之间的协调和合作。

在我给经理和员工做咨询时，他们经常提到的一个让人沮丧的情况是：一个员工或同事按照传统的岗位职责描述做完了工作，但在这样做的同时，他也在为许多其他未被满足的需要添砖加瓦。比如说，某项目团队的设计工程师提出一个从技术上看天衣无缝的计划，但是因为她不愿意和他人共享关键项目信息，所以她比其他团队成员更容易制造混乱和紧张。在她的"工作影响报表"中"需要的影响"这一部分，她的职位要满足的一个重要的需要是"合作"。因此，对这个岗位而言，人际关系和工作内容与成果同等重要。

以下是NPO中包含的主要内容，你可以根据实际情况自行调整。因为所有的组织都是由较小的团队组合而成的，所以NPO是可扩展的，可以在大型组织里不同的团队中应用。

需要绩效观察表总览

使用本表格的前提是，双方都很清楚组织的需要，尤其是身份、服务生命的目标和方向等根源需要，如果没有这种共识存在，绩效评估可能会变成兜圈子而令人痛苦，因为每个人似乎都在从组织需要的背景出发，但是却不清楚这些需要是什么。换句话说，如果发生了冲突，或者不像人们期待的那么简单，很有可能是因为有人不清楚组织需要和优先顺序所致，而不是人的因素。

一旦确保每个人对组织需要等清晰明了，就可以两人一组填写NPO表格了。

第一部分：有效的做法

列出三个具体观察到的行为，即你看到或听到对方所做的事，有助于支持你提高工作效率，让你热爱工作。这些是你很欣赏彼此以及彼此业绩的部分，你希望对方能够继续这些观察到的行为。同时，说明为什么这些行为给你带来价值，明确指出满足了你的什么需要。越来越多的研究表明，当我们把重点放在有效的行为上，这些行为就可能会持续并增加。[1] 这一部分的关键要素是明确提出组织和团队的目标。

第二部分：明确我们希望更多地看到、听到什么

列出三个具体观察到的行为，是你在工作中与人共事时，希望更多看到的。这里不需要写策略或解决方案，只是写出你想要更多地看到的行为。

第三部分：洞见

双方相互分享完第一部分和第二部分后，接着讨论对这两个部分的所讲内容的洞见、让人惊讶的事情或者对对方的说法有没有新的理解。你们对彼此有什么了解，希望双方如何在一起工作？（如果你不太确定自己有任何洞见或新的理解，检查自己在前两个部分是否做出了具体的观察。当我们做出的是评价、评估和比较，而非具体的、双方一致看到或听到的观察，就更难理解自己或对方的请求和需要。）

---

1 "What is Appreciative Inquiry?" http://appreciativeinquiry.case.edu/intro/whatisai.cfm

第四部分：具体可行的请求——改进的策略

根据之前所做的具体观察，你希望看到哪些行为继续下去？你希望更多地看到哪些行为？你愿意做什么？能够做什么？

选择三个有信心做到的、代表着前进的、具体可行的行动。

第五部分：后续行动

约定在接下来的七个工作日中再次会面，确定时间和地点，用15分钟的时间查看策略执行得如何，使用具体的观察评估进展情况。

彼此分享NPO带给你们的价值。如果价值很高，就计划在接下来的六个月里再进行一次NPO评估。如果价值不高，就计划下个月再进行一次NPO评估。必要时重复进行。当你们越来越能够熟练地做出具体的观察时，每次NPO就会花费越来越少的时间。

职场中的权力

工作中我们面临的众多人际问题之一，涉及等级权力与权威。湾区非暴力沟通中心联合创始人和首席培训师、国际非暴力沟通中心认证培训师米基·卡什坦用以下故事说明，有了需要的意识并用观察代替评判后，职场中的权力斗争可以转化为合作。

卡罗尔态度坚决地说："我不需要本教我如何管理自己的部门。很遗憾他不喜欢新的生产时间表，但我有权力做出相关决定。我不打算和他商量每一件事。"

我问卡罗尔是否想要行动的自由、别人对她职权的尊重，以及和本之间和谐与信任的关系。卡罗尔表示同意,她也想要双方在沟通的时候更轻松自在一些。

随后我和本谈了一下。他说卡罗尔所做的决定限制了他履行工作职责的能力,让他很痛苦。他说了几件这样的事情。当我向本提出建议,说我们可以想办法把他的担忧都告诉卡罗尔时,他不可置信地笑了起来。"我根本不可能说出真相。她不想听。现在经济形势这么差,我不能冒险丢了工作。"我能感觉到本对于工作的热情和投入以及他对部门和组织的成功所做出的承诺,他希望有一些职权去支持他实施各种计划。我猜测他也希望能和卡罗尔及时沟通把事情说清楚,否则他经常会在项目进行中停滞,既没有自由也得不到指导。他说是这样的。

尽管不相信有好结果,本还是愿意试试把自己的顾虑告诉卡罗尔。我和本探讨在他和卡罗尔交谈时,如何过滤对对方的诸多评判,尽可能清晰地说出她的行为给他带来的挑战以及在那些事件中他看重什么。几个星期后,他同意冒险把他的顾虑告诉卡罗尔。他万分惊讶地发现,他的话卡罗尔完全听进去了,她还很大度地承认她没有考虑自己所做的决定对本造成的影响。

我不像本那么惊讶。为了和卡罗尔谈话,本学到了一些强有力的东西,彻底改变了他和卡罗尔的沟通方式。最明显的变化是他愿意面对沟通的结果,相信自己能够承担,这让他很有能量。他不再那么恐惧去和卡罗尔见面,意味着他可以更放松和平静。这让卡罗尔更容易听进去他说的话。

对本来说还发生了一件里程碑式的事情,他开始对卡罗尔的经历产生了好奇心。当他尝试去理解她时,他发现她和他一样也是个凡人。另外，当他站在她的立场看问题，他就更容易理解他们有着共同的目标，在他提出顾虑时也会想到这一点。这让卡罗尔觉得本没有攻击她的意思，她没有需要防御的地方，所以愿意敞开心扉听听他的顾虑。

之后我见到卡罗尔时，我发现她虽然比以前更能接纳本了，但她还是担心他无法接受她的权威。她的纠结很常见：哪些时候可以让本参与做决定，哪些时候她觉得可以自行做出决定并期待本可以服从并支持她的权威？

在探索这个困境时，卡罗尔发现使用职权让本或其他人工作要付出很大的代价。她付出的代价不仅仅是让本失去了工作积极性和工作效能，她也可以预见，与她的意见相反的信息会被隐瞒，这可能会对部门产生负面影响。同时，她也知道在很多情况下，她需要带着轻松的心态快速做出决定，不需要考虑本或其他人的意见。为了尽职尽责，这种自由对她来说是必不可少的。

我们让本加入了这个阶段的对话。我们认为卡罗尔可以做三件事情解决她和本的困境。第一，区分清楚不考虑本的想法就做决定，是为了自己方便还是必须如此。第二，更公开透明地把自己所做的决定告诉本。第三，请本告诉她她的决定对他履行职责的影响。假以时日，综合运用这些策略将增进双方的信任，带来双方期待的结果。本会更乐于接受卡罗尔在没有问他意见的情况下做出的决定，而卡罗尔也更愿意让本参与做决定。

上下级有可能合作吗？如果上司坚持把行使权力当成工作原则而不考虑需要，下属因为害怕而工作，双方就没有足够的信任展开合作。当双方坦诚地沟通，达成明确的共识，职责分清，把学习当成工作中有机的一部分时，权力上的差异就不太可能给双方的合作造成太大影响，大家就能相互支持，朝着共同的目标努力。

（米基·卡什坦已被列入本书的贡献者之一。案例描述的情境综合了她的亲身经历。案例中的人名为化名。）

| 具有启发性的练习 |

在一次以需要为基础的领导力和沟通培训中，我让参加培训的人两人一组做一个基于非暴力沟通流程的练习。他们都学过非暴力沟通的基本概念，但是还不能熟练地把它用在对话中。在这个练习中，他们轮流问对方同一个问题并做出回答："到现在为止，你在课程中有什么收获？"以下是练习的原则。

发言者：

· **观察**什么是有价值的。

· 对这件事有什么**感受**？

· 这件事让你连接到什么得到满足或未得到满足的**需要**？

· 为了满足或继续满足这个需要，你对自己或他人可以提出一个什么**请求**？

倾听者：

· 如果你清楚对方的观察、感受、需要和请求，就安静地倾听对方。

· 如果你不清楚，可以问些类似下面的能让你清楚的问题。

观察——"你看到或听到什么对你有价值的事情？"

感受和需要——"你感到兴奋，因为这给了你希望？"

请求——"一个什么样的请求可以满足或继续满足这个需要？"

> 我们从早到晚都在说话，却往往对自己说的话没有觉察。然而，这是一种练习，既要清楚我们想说什么，也要倾听别人深层次的表达。

记住 WAIT

我只给了大家几分钟时间进行这个练习，但是大家都有新的领悟，我对这样的结果也很满意。他们发现，这个过程要求他们思考接下来要说的话，会使他们的思路变得清晰，也就是 WAIT（我为什么要说这些话，Why Am I Talking 的缩写）这个概念。他们"组织和提炼"自己的想法，因而能做到"直奔主题"。我提醒大家，人们每次只能听进去大约 40 个词汇，所以我鼓励大家说话简洁明了。

我们从早到晚都在说话，却往往对自己说的话没有觉察。然而，这是一种练习，既要清楚我们想说什么，也要倾听别人深层次的表达。事实上，我们每一次开口说话，就把听我们说话的义务强加于听者。如果我们不清楚我们为什么要说或者不知道想让对方做什么，这可能会让对方觉得是一种负担。非暴力沟通比我们日常的说话方式能更快地直抵对话的核心。随后我们可以向倾听者提出请求，并且询问他们的意见。请记得这一点：有时候人们只是想要我们倾听，并不需要我们的回应。当我们安静地倾听对方的感受和需要，就可以更深入地理解他们在说什么；而且我们可以瞄准他们言语背后真正的感受和需要提出清晰的问题。在提出这类问题时，我们经常可以帮助说话人理解他想要传达的信息。

超越自我

参加培训的人似乎真的对这种"超越自我"的诚实感到惊讶，它源于纯粹的观察而非评判。这使他们不再担心别人会对他们的言论做出什么反应。有一个人说当他直截了当地说出自己的需要时，别人的反应让他又惊又喜。另一个人发现这样真诚的表达能够迅速"找到解决方法"。还有个人说"松了一口气"并且"不那么害怕了"。其他人则提到了此举让他们"更加信任对方"而且"舒服"。其中一位女士说通过不带评判的观察，她能更好地理解和接纳对方。她觉得这样做有助于宽恕别人，因为她发现"有自己不知道的一些因素，所以不能妄下评判"。

害怕他人的评判

这些管理团队成员对非暴力沟通的反应在成年人中很有代表性。在我们长大成人的过程中，我们对他人的评判产生一种恐惧；而在非暴力沟通的对话过程中，这种恐惧很快就消失了。哈茨威兹曾提到她在所协助的蒙特梭利学校授课时遇到的一个八年级男孩。有一次，哈茨威兹带着学生们玩一个"同理心扑克牌"的游戏，学生们根据成长的环境猜测彼此的感受和需要。游戏结束后，这个八年级的孩子来到哈茨威兹面前说"谢谢你"。她很好奇，就问他为什么道谢。这个男孩说这是他第一次愿意参与学校的活动，因为这个活动是分享感受和需要，他不用担心自己的答案是否正确。事实上，无论哪种回应都让他不愿意参加课堂上的讨论。他只想用一种大家可以接受的方式自由地分享真实的感受，我们也是如此。

敞开心扉

一位参加培训的人承认，"敞开心扉可能会让人不自在"。刚开始这么

> 在专业的工作环境中，当你诚实真挚地敞开心扉，人们会感到耳目一新。

做的时候确实如此。但是很快你会发现，在专业的工作环境中，当你诚实真挚地敞开心扉，人们会感到耳目一新。这样可以有力地改变一种不舒服的状态。请记住，这种同理连接的过程是一场革命，因为经年累月以来，我们已经形成了一些旧习。要把自己想象为在搞一次提升效能的革命。

以下故事说明了这一点。我的一位客户当时负责一个建筑项目。有一次，他在项目所在地区的房车营地里和50位居民开会，想告诉大家施工会造成哪些影响。有一位居民表现得越来越激动，说话的声音大到超过了我和同事们能接受的程度，说的话也让我的客户感觉很不舒服。房间里的气氛一时剑拔弩张。

就在这时，我找到了机会缓和局面。我做了两件事。首先，我默默地同理我自己关于那位说话的居民，猜测他可能有哪些感受和未被满足的需要。这仅仅花了几秒钟。然后，因为他和我的客户已经僵持不下，关系非常紧张，我走到了他们中间。出于我对坦诚的需要，我问所有人："我对刚才听到的话感到不舒服。还有其他人也觉得不舒服吗？"我原本以为可能只有项目团队成员由于我们在会议中所扮演的角色而感到不舒服，结果在场的有2/3的人举起了手，这让我很诧异。刚才说话的居民看到了他的行为对别人的影响，于是自动调整了说话的音量和用语。我不需要再对他的行为说什么了。我只是清楚地表达了我的不适，并对其他人是否也感到不适表达了真诚的好奇。

想象一下，如果人们在工作的地方可以清楚地表达自己的感受和需要；当人们不清楚别人的感受和需要或者想知道对方是否清楚自己的感受和需要时，就可以去询问别人。当人们无须揣测别人的需要或对某些事情的理解时，尔虞我诈、明争暗斗、权力斗争都将不复存在。由此产生的合作将提升工作效能、振奋士气并最终带来组织的成功。

连接的目的和渴望

如果在工作场所明确地说出"感受"和"需要"这样的词语让你不自在,那就不要说。你可以只是说:"你感到沮丧,因为你希望沟通时更放松吗?"找到与你们的文化相符的用词。重要的是你在此过程中的目的以及你出于对他人经历的好奇而想要与之建立连接的渴望。

2006年,我运用非暴力沟通和整合式清晰架构协助印度的一个非营利性组织设计了一场培训,培训对象是这个组织里的"大使们"。他们是该组织、志愿者和社区居民之间的联络人。计划小组里一位当地的年轻女士说,她认为在培训中让大家讨论感受或者说出感受可能会让很多人觉得不舒服。因此,我们主要侧重于帮助大家找到和他们一起工作的人有哪些需要得到了满足,哪些需要没有得到满足。我们也教他们如何表达个人需要和组织需要,让他们在培训中学习同理倾听和同理表达的方法。负责培训的人告诉我们,从大家的反馈来看,培训非常成功。参与者们反馈说,他们在帮助他人的同时仍然能够和自己的需要以及对组织来说重要的需要保持连接,有一种被赋权的感觉和一种清晰感。

正如这个例子所说明的,你可以进行调整,使流程更适合你的工作环境和工作准则。

个人魅力

当人们与自己的感受和需要相连接,我们站在他们面前时,会自然

> 当人们与自己的感受和需要相连接，我们站在他们面前时，会自然而然地觉得他非常有吸引力。

而然地觉得他非常有吸引力。真正有个人魅力的人通常都很安静，就像柯林斯在《从优秀到卓越》中所描述的那样，无论他们是否拥有权力，都和自己的需要紧密相连。确实拥有权力时，这种魅力可以帮助他们与别人自然地产生连接，这是所谓的一种自然的人类共鸣，而这和"等级"无关。我认为谦逊意味着愿意敞开心扉，聆听不同的观点。当我们真正地与自己的感受和需要连接，我们就由衷地好奇"自己内在鲜活的东西"是什么，同时也好奇别人内心正在经历什么，而不会担心谁对谁错。

欲速则不达

当今社会看重的是我们做了什么，而非我们是谁。一位参加了以需要为基础的领导力和沟通培训的人说他倾向于迅速去"搞定"状况，而不会去关注需要。他比自己期望的要忙很多，并且发现如果自己当时没有花时间关注需要，随后再去研究就已经晚了。我对此当然深有了解，于是我指出（这也是我一直以来观察到的），寻找需要会大大节省之后解决问题的时间，而不是耗费时间。虽然有时候，尤其是当你和对方很熟悉的时候，马上提出请求可能会获得益处，也合乎逻辑，但我在职场中的经验是"欲速则不达"。花时间建立连接似乎很奢侈，但是双方花时间了解情况和建立连接是值得的。这会让你更清楚问题所在并提高工作效率。

当时，我告诉学员们我和日本公司打交道的经验。日本很重视关系。日本的商人会先看双方的需要、价值观和背景是否一致，否则不会进入主要的工作主题。他们愿意了解你的成长经历、你的喜好等，他们想要了解你整个人，而不仅仅是你的专业程度。如果两家日本公司合并，他们要做的第一件事是在一起举行一个植树仪式。这棵树象征着他们有某些东西将要共同成长。

获益

根据学员们（包括领导和普通员工）的反馈，他们的底线是要有基于需要的意识，并在沟通中使用非暴力沟通的基本步骤：

· 使他们对别人更有"同理心"，"能够产生共鸣，感觉轻松"，增进"理解、接纳和宽恕"。

· 使沟通"更高效"，"更快触及问题的核心"。

· 传授"学习把注意力完全放在对方身上的这种倾听方式的价值"，并且他们"不会计划接下来说什么"。

· 提供"安慰"，他们知道自己可以"优先照顾好自己的需要"，也可以"帮助他人满足他们的需要"。

· 创造"超越理智的人际连接"。

我发现任何学习这种方法的人都能获得这些益处。显而易见，学习非暴力沟通的技能，并在整个组织中推行同理心是非常值得的。

☆☆☆☆

本章着重探讨了在职场中如何通过连接自己的需要和他人的需要来提高工作效能。这样的人际连接是高效能团队和组织的基石，这是第七章探讨的重点。

第七章

如何提升团队和组织的工作效能

> 与传统的上司相比，团队领导者的角色是什么？无论是在传统组织中还是在赋能型组织中，最成功的领导者拥有三种共同的特质：有能力与员工建立深厚且相互尊重的关系；确保工作被完成；带领员工解决问题……因此，团队领导者工作的主要目标从工作任务扩展到人际关系（影响工作如何完成的因素）；从关注个人（较小的工作单位）扩展到关照团队（较大的工作单位）。[1]
> ——金博尔·费希尔（《带领自我管理的工作团队》）

就像在第四章指出的，组织是人的集合体。组织中的人可以感知到组织的六大共通需要是否得到了满足。无论身处组织中的人是否有所觉察，所有的组织、团队或团体都有源自组织内的个人以及他们所服务的客户和市场的六大需要，包括身份、服务生命的目标、方向、组织架构、能量和表达。当组织的六大需要界定清晰，组织中的人们了解它们并被它们所激励，组织的工作效能就能得以提升。

在战略规划和实施的阶段，组织里的每个人都会与团队里以及组织服务的其他人员进行互动交流。当人们都能带着同理心进行沟通，试图与别人的感受和需要相连接，说出自己的观察而非评价，提出请求而非

---

[1] Fisher, *Leading Self-Directed Work Teams: A Guide to Developing New Team Leadership Skills*, pp. 122–23.

命令，那么，人际冲突会降至最少，工作效能也能大幅度提升。

我们曾经目睹过高效能领导者是如何通过帮助人们满足自主权和贡献的个人需要来提升工作效能的。这些领导者"无为而治"，他们以需要为根本客观地待人接物，不会通过让人害怕、内疚、羞耻、指责别人甚至赞赏和奖励等方式控制和操控别人。

以下案例说明了当公司坚持按这种方式运作时产生的效果。

戈尔公司以生产防水面料戈尔特斯和其他很多创新科技产品而闻名于世。他们没有传统意义上的老板和自上而下的管理体系，员工之间只有非等级制的互联关系系统。公司看重人与人之间的关系和直接沟通。如果浏览戈尔公司的网站（www.gore.com），你会看到连接和合作的图片。网站首页列出了一系列问题，例如："当一个全球化公司……真的相信……知道……表现出人是公司最伟大的资产，情况会如何？"还有"当人们……决定自己的命运，会发生什么？"

公司网站持续不断地探讨类似的问题，但是简短的答案是：情况会大大不同。

到2010年为止，戈尔公司已经连续13年被《财富》杂志评为美国"最适合工作的100家公司"之一。它也连续几年在法国、德国、意大利和英国等国家被评为最适合工作的公司之一。公司创立者比尔·戈尔曾经说过："公司的目的是赚钱，并从中获得乐趣。"[1]

戈尔公司很清楚自己的组织身份、服务生命的目标和方向，公司独

---

1 "Working in Our Unique Culture." http://www.gore.com/en_xx/careers/whoweare/ourculture/gore-company-culture.html

特的文化发展出它的组织架构和能量,进而支持它的核心价值观和信念的实现。公司的组织需要表达清晰明了且引人注目,不仅对每个合伙人如此(公司实行合伙人持股计划,员工都是公司的合伙人之一),对它的客户、厂商和供应商也是如此。

网站上探讨的另一个问题是"这一切是怎么发生的"?"合伙人(而非员工)只受雇于一般工作领域。在出资人(而非老板)的指导下,合伙人不断加深对公司的工作机会和团队目标的理解,然后投入适合发挥自己能力的项目。公司营造的工作氛围让大家既自由又相互合作,既有自主权又有协同效应。"戈尔是"一个以团队为根本,鼓励个人发挥主动性的扁平化组织。这种独特的公司架构显著提升了合伙人的满意度,并为留住员工发挥了重要作用"。[1]

越来越多的组织意识到团队以及上述案例中提到的"既自由又相互合作"的重要性。在《基业长青》一书中,柯林斯和波拉斯指出了两个看似相悖的范式里存在相似的动态关系。用他们的话说,"核心理念带来持续性和稳定性",同时"对前进的渴望敦促持续的变化(新的发展方向、新方式、新策略等)"。核心理念"本质上是保守的",而"前进的渴望会带来急剧、彻底和革命性的改变"。[2] 用整合式清晰架构的语言来说,核心理念由固有且不变的需要和价值观组成,而前进的动力包含不断改变的策略。

---

[1] "About Gore." http://www.gore.com/en_xx/aboutus/index.html
[2] Collins and Porras, *Built to Last: Successful Habits of Visionary Companies*, p. 85.

以下是另一个案例，在其中，我指导一家新成立的商业协会在实施策略之前，先确定他们的身份和目标。

2005年，《亚利桑那州每日星报》的商业版刊登的一篇文章开头写道："帕尔维尔德－阿尔弗农商业协会正在经历身份危机。"当时，一条主干道的过街天桥施工导致街道封闭，当地的店主们担心街道封闭会影响他们的生意，所以成立了这个商业协会。然而，成立不久后他们遇到了一个问题，那就是他们不知道协会的目的是什么。他们想在施工完成后继续保留协会，为本地区700多家经营各种商品的店铺提供支持。

应邀成为他们的顾问后，我发现协会的成员很热情地给协会提出了很多策略和主意，但是他们不知道从何开始实施。他们尝试复制其他协会的运作方式，但是却发现不适合他们，于是感到很沮丧。

我提醒他们：在明确协会的身份之前决定要做什么，就像一个人不知道自己喜欢做什么就开始了职业生涯一样。我帮助他们确定了协会的身份、服务生命的目标和方向等需要，这样，他们在和区域里的其他商户沟通时就知道如何介绍协会了。会员们认识到社区意识对他们很重要，协会的目的是帮助所在的社区发声。接着，大家发展出了一种更正式的架构，找到了接触其他商家的方式。

协会成员发现了定义组织需要从确定身份和服务生命的目的这两个需要开始的价值。清楚这些需要之后，其他需要可以更高效地加以确认，最终协助满足当地商业社区的需要。[1]

1　Velez, "Diverse Business Group Needs to Shape Its Identity," *Arizona Daily Star*, January 17, 2005.

在相对较大的组织中,团队的效能决定了组织整体的效能和成功。因此,本章提供给大家一些促使团队会议取得高效成果的方法,同时也对一种测量和监测工具——组织需要数据表加以说明。数据表是分享数据的一种方式,等同于表达组织的感受,并以此告知所有团队,组织的哪些需要得到了满足,而哪些没有得到满足。随后在第八章,我会介绍一个制定决策的工具,说明负责不同职责和工作任务的小组或团队之间或团队内部如何明确职责和相互合作。

再看如何在整个组织中应用整合式清晰架构

让我们再次思考把整合式清晰架构应用于整个组织系统。我已在第四章以及附录中说明了整合式清晰架构的四个步骤。在组织中应用这四个步骤相当于个人使用非暴力沟通的观察、感受、需要和请求四要素。这四个步骤是:

1. 识别数据。

• 可以被分析、比较和测量的观察结果。

• 数据表、指标和测量结果;标记组织当前状况和预期状况的对比数据,并为最佳实践创建衡量标准。

2. 确认对观察结果和商业数据的感受。

例如担心、兴奋、恼怒、自信、失望、舒适等感受,而不是非感受的评判或评估,例如:不称职、业绩表现不佳、可盈利。(相当于用数字来说明数字化内容或财务状况。)

3. 将数据和组织需要相连接。

• 根源需要:身份、服务生命的目标、方向。

- **杠杆需要**：组织架构、能量、表达。

4. 发展战略意图。

在组织中，请求是指策略。整个组织的战略规划及实施旨在满足系统中的人们感知和监测到的组织需要。

策略和计划的区别在于，策略是为了满足某个需要或者持续满足已经得到满足的需要而提出的请求；计划由一系列策略或请求组成，为团队或组织精心安排和协同配合的实施日程组合在一起。和个人的策略一样，计划是：

- 依据具体的观察（例如，区域市场份额排名第一）；
- 以肯定的方式（我们要做什么，而不是我们不做什么）；
- 提出当下可行的请求（"我们愿意优先采用这个方案吗？"）；
- 基于需要（"我们的行动是为了服务于人们的哪些需要？"）。

策略是一个请求，结果就是目的。描述"积极"成果要使用明确且可观察的语言，因为"积极"是一种判断或评价，每个人都有可能有不同的解读。成果目标是我们希望发生但无法控制的；而过程性目标是我们将要采取的一系列行动，可以完全控制。整合式清晰架构格外重视过程性目标。我们不执着于最后的成果，而是保持有效的做法，摒弃无效的做法。有很多不在我们掌控范围内的因素会影响成果。

以下案例说明在组织的会议或战略对话中如何使用这四个步骤，这涉及组织需要和个人需要的相互作用。

2010年，我给一个团队的领导者们举办了一场战略规划的度假会议。在开车送我去往会场的路上，首席执行官向我简要介绍了参加会议的主要人员情况。当她谈到某个部门主管时,明显变得焦躁不安,并叹了几次气,表达了她对与这位主管交流方式的不满。我同理倾听她对与这位主管的交流方式可能永远无法发生改变的绝望,以及她对与对方发生连接和推动进展的需要。她觉得他们之间的谈话一直在兜圈子,当她和这位部门主管寻求解决方案时,对方反而提出更多问题而不是给出答案。他们的对话总是这样迂回打转,各自想要的进展都没有达成。当我猜测她已经做好准备时,我问她是否愿意听听和这个人连接的建议。她回答说:"是的,请告诉我。我迫切地想要改变现状,但是已经黔驴技穷了。"

在会议过程中,她提到的那位部门主管每次讲话时间都比别人期待的要长。他一直关注自己部门的预算,他认为整个组织缩减成本会导致他的部门预算大幅减少。他甚至说:"我不知道为什么要就预算的问题说这么长时间,但是我觉得我必须把这些事情公开说出来。"

作为会议引导者,我能够看到他是怎样失去和团队之间的连接的,每次他说的时间越长,内容就越重复。因为会议才刚开始,大家都需要说出自己的问题,所以我没有干涉他们之间的对话。但是从我听到他的发言来看,我猜测他感觉很沮丧,因为他渴望被理解的需要没有得到满足。

吃午饭时,我偶尔听到他的一位团队成员和同事聊天,说他很高兴他们都对当前面临的财务方面的严峻形势态度都很积极,"有一个人除外"。

午餐结束后,那位部门主管再次发言,上午的模式又出现了。这一次,我打断了他。我的目的不是阻止他发言,而是找方法让他在表达对自己很重要的事情时,和团队保持更多的连接。我说我注意到他说不确定自己为什么发言时间比预想的长（对他个人对于清晰需要的观察），我复述了一些他提到的具体的财务信息（对组织能量需要的观察）。然后我告诉他我也对他发言的主要原因感到困惑，随后猜测他担心自己的部门（感受），他需要公开透明（需要）。

一个转折点出现了，会议中的个人效能即刻得到了提高，未来也会提高组织效能。出于我自己对于清晰的需要，我问他是否想对自己和他人提一个请求。他停顿了一下说："哦，一个请求？是的。我希望公司召开一次会议，不仅澄清我的预算，还澄清每个部门的预算。"然后我又问了他几个其他的问题，比如他希望谁参加会议、何时召开等。我协助他提出请求，而不是看着他继续不明所以地说下去。这种循环对话和发言时间超过他预期的模式结束了，因为他一直想提出请求但不知道如何提出。这样为整个团队节省了时间，工作效率也提高了。

除此之外，他请求参加会议的人都说会参加，还邀请了另外一位部门主管参加。这位主管还提议在他们部门之间开展关于开发新用户市场的合作项目。此外，另一位部门负责人说他愿意分享如何使用有限的预算的经验。因此，从一个人的挫折中诞生的会议开启了所有人成长和合作的可能性。

你可以看出，这样的会议方式让个人和组织的需要都得到了满足。下面是运用非暴力沟通主持会议以及根据整合式清晰架构中提出的组织共通需要进行沟通的指导原则。这些指导原则可以帮助你收集信息和意见，帮助你快速做出决策。此外，它还能够满足每个人的需要，激发士气，增强凝聚力，使每个人都能因看到工作进展而产生满足感。

在引导时,永远不要问那些你已经知道答案的问题。

引导会议

在第四章和第六章,我们讨论了 WAIT,也就是"我为什么说话"(Why Am I Talking)。尽管这个问题能够有效提高会议效率,但问这个问题前还有一个更重要的问题,那就是:我为什么要参加会议?因此,在你引导或参加会议之前,要清楚你希望会议满足的需要;在你召集会议或接受邀请参加会议前,至少要让你自己清楚会议的目的和自己扮演的角色,如果可能的话,让每个团队成员都清楚会议的目的以及各自在会议中的角色。

当你为了建立连接而提问,并努力了解大家的感受和需要时,会议的气氛会完全不同。你引导的是会议流程而不是人。对所有人而言,智慧天生就存在。我建议永远不要问自己已经知道答案的问题。比如说,不要问:"上周我们讨论的三个重点是什么?"而是问:"关于上周我们讨论的三个重点,你还记得哪些内容?"第一个问题有正确或错误答案,而回答第二个问题的人回答的一定是正确答案。

追踪需要

作为一个引导者,你扮演的角色是需要的"交警",负责追踪大家的需要,每次让一个人或一个需要通过,同时阻止其他人直到轮到他们,以免各种需要"撞车"。应区别不同的情况,谨记磨刀不误砍柴工。让人们连接到感受和需要,确保每个人都有机会被倾听到。

你可能会说:"在谈另一个话题前,我想先理解乔所说的内容。"其他人就会对这个人所说的话做出反应。用这种方式,对话会对当下正在发生的事做出反应。永远不要假设事情是静止不变的，人无时无刻不在变化。如果你在引导会议时能不断对正在发生的事情做出回应，大家就会把你当成领导者。如果你不是引导者，你也可以采用这种方式协助引导者追踪需要和引导会议，在那一刻你也能成为领导者。

要记住的是，我们不是和会议小组本身而只是和小组中的每个人之间产生关系。这仍然是人际关系，不过更加复杂。在对话过程中可以提出这样的问题："这样有助于你满足清晰、舒适或明确的需要吗？""那样有帮助吗？""我是否回答了你的问题？"这样做能够促使会议有序进行，而不是变成一团乱麻。

追踪请求或策略

你可以这样问别人："为了帮助你满足更有针对性的需要，你愿意提出一个请求吗？"请保证请求是当下的请求，例如："你愿意写那份报告吗？"而非"你能把那份报告写好吗？"随后确认和保证会议中提出的请求或策略已经实现。

追踪约定

例如，对每个人说："那么，我们已经达成约定了。接下来，我们会……"

必要的时候打断对方的发言

若有人的发言时间过长，超出了大部分人的意愿，或者说着一个大家不感兴趣的话题或者不停地重复，那么打断他的话会让会议更加高效。如果你出于关心并想要连接到大家的需要从而打断别人，这会是非常有力量的。你可以在会议开始前先解释一下："有时，如果我发现人们对某人讲的内容不感兴趣，我会打断他的发言，因为我希望大家能够尽可能地保持连接。"你也可以在对方发言时直接打断对方："现在请你暂停一下，我看到有人跟不上了。我想需要大家理解这个话题。"

这样的话，要求大家不断反馈你或他人所说的内容，就可以确保大家都听明白了。发言者有责任确保他清晰地做出了表达，而不是期待别人理解自己的意思。通常来说，如果团队里有一个人没有听到你或他人说了什么，其他人也不会听到。作为会议的正式引导者或是在参加会议时偶尔担任引导者的角色，你的职责是保持大家的连接。

使用非暴力沟通四要素

无论你在做正式还是非正式的引导，记得和自己保持连接，同时也鼓励大家使用观察、感受、需要和请求等非暴力沟通四要素时刻与当下保持鲜活的连接，而不只是关注会议的内容。这是这个过程的基本前提，如果只关注会议内容，人们就会产生厌倦。当连接的需要得到满足后，大家就会感到精力充沛。

在会议中我们有一些工作要做。当我问我们组中的一个参会者，为什么他们觉得有 30%~50% 的话未被听到时，他们给出了如下理由：

- 我们内在的对话成为阻碍。
- 我们自己的需要成了一个过滤器。

> 当你保持参与到会议中当下正在发生的事情中并鼓励大家表达感受和需要时，就会创造开诚布公的氛围，从而达成更真实的约定去支持战略实施。

- 我们全神贯注地进行防御或者预设我们的反应。
- 我们专注于去听最能支持到我们自己议程的内容——听自己想听的。
- 对他人有先入为主的印象，在他人开口前已经对他要说什么有了评判。
- 别人表达得不清楚，所以我们听不到。（发言者没有应用 WAIT 原则。）
- 发言者的自我意识太强烈。他更感兴趣的是想要确保每个人都认为他很重要，而不是让人明白他想要说什么。
- 因为担心对方的评判，发言者和倾听者有一方或者双方都太紧张了。

作为一名引导者，你可以帮助大家避免这类想法，让他们对发言者所说的内容真正感兴趣。当你保持参与到会议中当下正在发生的事情中并鼓励大家表达感受和需要时，就会创造开诚布公的氛围，消除各种顾虑。通过让大家同理连接，会使会议过程更加人性化。因此对于具体问题的详细讨论会带来一种完全不同的高效，能够达成真正的共识，这节省了未来的成本和时间。最损害效能的情况之一就是在讨论和计划某个提议时，人们没有真正达成共识。他们可能会出于恐惧、内疚或者羞耻而同意别人的提议，然后选择在实施阶段不全力支持。

有时会议中会发生一些重大事件，如果人们不能达成一致，他们就会忽略它。有人意识到了这一点，有人却没有。由于对同一件事情有着不同的理解，参会者就会形成不同的意见团体。作为引导者，你可以说："我想和大家正在做的事情保持连接，与此同时我刚听到＿＿＿＿＿，我想知道大家是否也听到了。"

即使你不是会议指定的引导者,为了满足你的需要,你也可以适时请别人澄清他们说的内容。很有可能别人也有和你一样的未被满足的需要。

保持公开透明

你可以根据自己的自在程度调整公开透明的程度。公开透明简单地意味着诚实。它并不是总那么"美好",但对我来说,这很好。公开透明可以让我们直达问题的核心,提高工作效能。回想一下我之前提到的和一个管理团队进行战略对话的事情,当我们准备开始讨论时,很多部门领导却忙于处理文件或其他工作事宜。如果他们对我要分享的内容不感兴趣,我不想浪费他们和我的时间。所以,我只是跟他们说,我有一些自己认为有价值的事情想和他们分享,但是如果他们不感兴趣我就不说了。然后我引起了他们的注意,不是因为他们对我要说的话突然产生了兴趣(因为他们当时不知道我要说的到底是什么),而是因为我的透明让他们耳目一新。从那个时刻开始,事情有了进展,这种连接让我们每个人都提升了工作效率。

也许在连接自己需要的同时保持透明的做法意味着冒险,但是我发现人们回应我的方式往往是我所喜欢的,非常有力量。他们不习惯坦诚、不加掩饰的表达方式,但是从某种程度上来说,我们都渴望这样。

> 如果团队里的成员同意按照明确、可观察的时间表，集中使用资源满足大家共有的真实需要时，团队就可以蓬勃发展。

向别人表示赞赏

关注并感激有效的做法，同时也要意识到无效的做法可以促进组织的变革并给职场赋予活力。当我们通过四要素向别人表达欣赏、认可和感谢，让对方知道他们的行为满足了我们的什么需要时，他们会继续我们期待的行为。

使用"终点线"的力量

如果团队里的每个人都同意按照共同拟定的时间表，集中使用可获取的资源满足大家共有的真实需要，这个团队就可以蓬勃发展。这种"终点线"的愿景是组织需要——"方向"的一部分。如果团队成员对大家想要完成什么目标、他们的行动会满足哪些需要以及什么时候达成某些里程碑似的阶段性目标非常清晰并达成一致，会让整个团队都充满生机。当整个团队在思考、计划和行动的同时又能保持相互连接，会给团队成员和他们所服务的市场注入巨大的能量。柯林斯在他的《基业长青》一书中提到的关于"制定胆大包天的目标"（BHAG）的概念也回应了这一点："'胆大包天的目标'切实可行、振奋人心、受到高度关注，它吸引了人们的视线，牢牢地抓住了人们的心。人们马上就明白它是什么，不需要太多解释或者根本不需要解释。"[1]

1　Collins and Porras, *Built to Last*, p. 94.

签到和告别

有时候你可以让参会者举行一个"签到"的仪式。如果在你的工作环境中这种做法让人不太舒服，可以从提一个更实际的问题开始。我在"签到"时（尤其是与来自不同背景的参会者第一次开会时）喜欢提的第一个问题是："在你离开的时候，这次会议对你来说有什么价值？"如果这个话题与会议议程相关，我们就把它列为讨论的事项；如果不相关，我们就把它列在其他会议的讨论事项中。我们捕捉并处理参会者的每一个想法和请求。每个人都会通过倾听对自己有价值的事情来了解许多关于其他参会者的事情。这是有助于人们连接的巧妙方法，也有助于具体问题的讨论。

在会议结束时，我经常会给每个参会者一个"告别"的机会，请他们简要地说说感受，从会议中获得了什么，有哪些需要得到了满足或者未得到满足。我喜欢请人们用一两个词总结他们离开会议时的想法。如果有 15 位参会者，那么一分钟之内或者更短的时间就可以完成。与我合作的每个团体都非常享受离开的过程。我告诉大家也可以选择说"过"，但很少有人这么做。当他们这样做了，就同理倾听他们做出的选择。

组织需要数据表

要满足需要，我们首先必须知道这些需要是什么。很多团队和组织用某些数据表追踪记录主要的业绩表现指标，他们认为这些数据表记录下来的信息最重要，需要每个人密切关注。数据表可以是定期报告、电子表格或内部网站的形式。最早出现在数据表上的通常是财务报表和销

> 如果组织的价值观不是当前核心需要的一部分，它们就不太可能成功，因为不符合他们的真实身份。

售数据，因为数据和市场信息比较容易形成定期报告。

数据表的目的是让所有人看到发布的信息，定期追踪变化，查看上面的数据和大家约定的目标是越来越近还是越来越远，并基于当前的信息做出可行的、战略性的决策。

组织需要数据表上的各种指标都符合整合式清晰架构中组织的六大共通需要之一。通过这种方式，基于个人需要的意识就有了对应的组织意识。组织可以采取策略尽可能多地同时满足从员工到股东、从顾客到社区等个人或组织的需要。思考以下这些例子。

核心价值

这符合组织身份的需要。在基于需要的意识中，这些价值不是我们渴望的东西，而是我们自然构成的一部分，从组织和团队组建伊始就在其基因里编好了码。在这样的背景之下，需要和价值可以被交换使用。根据需要得到满足或未得到满足时对组织的影响程度，我们就能知道哪些需要是核心的。很多向我咨询的团体没有连接到自身的内在价值，相反，他们发现只是成为自己想要成为的样子远远比他们变成不是自己还要困难得多。换句话说，如果组织的价值观不是当前核心需要的一部分，就会令人沮丧，并且不太可能成功，因为不符合他们的真实身份。

在《从优秀到卓越》一书中，柯林斯举了一个例子："吉列公司的决策层决定开发相对昂贵的复杂的剃须产品体系，而不再纠缠于利润低的一次性产品，主要是因为他们对廉价的一次性剃须产品不感兴趣。"[1] 从

---

1 Collins, *Good to Great: Why Some Companies Make the Leap . . . and Others Don't*, p. 109.

生产平价产品转为生产昂贵的产品并不容易，需要组织更多地研发、重组生产设备、开发新市场等。这是巨大的改变，但是如果最终的结果和核心价值匹配，就很可能值得大家付诸努力和付出代价。

虽然组织的需要或价值比个人需要变化得慢，因为它们反映了群体观念的共同改变，但是，它们依然会改变。帕特奈克在《谁说商业直觉是天生的》一书中提到，与顾客广泛建立同理连接的组织，与倾向于内省的传统组织相比，它们能够快速回应客户需要，所以能够更快激发内部发生改变。它们是客户导向的，而传统组织是管理导向的。

以客户为导向的组织，不会有与组织身份或服务生命的目标这两种组织需要失去连接的危险。在维持稳定的核心（身份）和回应组织面向的市场（服务生命的目标）之间的这种张力是一种"兼而有之"的动力，柯林斯和波拉斯在《基业长青》中将这种动力称为"恪守核心价值观并刺激进步"。[1]

随着时间的推移，我们会看出有些组织的日常运营反映出了稳定的核心需要，有的需要对个人和整个组织不那么重要。但在既定时间内，有的需要比其他需要更突出或者更不显眼，这提醒我们要每时每刻都活在新的当下。

因此，个人需要和组织需要在任何既定时刻都会因得到满足或未得到满足而不断发生变化。意识到这一点，可以让我们充分地接收到我们周围的人与市场的最新动态。

1　Collins and Porras, *Built to Last*, p. 82.

销售额

顾客的信息以及你的产品或服务满足他们的什么需要都属于"服务生命的目标"这一组织需要的一部分。销售目标和销售额符合"能量"需要里的财务信息。

市场、产品研发和创新

我们和客户连接与沟通的方式以及他们反馈需要是否得到了满足，都符合"表达"的需要。越能和当前的客户或者未来的客户建立同理连接，我们就越有可能制造出对他们和我们的组织有价值的产品和服务。

在组织需要的框架内，追踪关键指标并没有"正确"或"错误"之分。重要的是数据表必须以需要为导向，并保证它对使用者是有效的。就像之前在《从优秀到卓越》一书中提到的"刺猬理论"中的经济驱动概念，人们发现，追踪关键指标并对它们所满足的需要做出关键区分，会使得组织需要数据表易于操作且行之有效。

******

本章说明了如何通过基于需要的意识和工具追踪满足组织和个人需要的进度，从而提升团队和组织的工作效能。第八章继续说明如何使用基于需要的决策制定工具让追踪过程更快速，并维持团队的连接和凝聚力。

第八章

基于需要的决策制定工具

（你在做决定时）……
你经常要做的一件事就是考虑你的情绪，
想一想你为什么会有这些感受。[1]
——乔纳·莱勒（《我们如何做决定》）

在职场和团队中做决定时基于需要的意识，和我们大多数人习惯的少数服从多数的方式完全不同。我们没有被这样培训和教育过，即所有的需要都很重要，而制定策略是为了同时满足所有的需要。我们的职场充斥着自上而下管理的观念和做法。这些陈旧的做法是为了维持权力结构的现状或者满足稳定和秩序的需要，使得权力得以保留在某些特定的群体手里。

在当前的世界和职场中，很多人认识到，满足更多人，包括从客户到员工再到股东的更多需要，提高这种意识，可以为所有利益相关者创造更多的价值，包括那些拥有权力的人。在人类早期的历史中，世界上大多数地方常常处于混乱和变幻莫测的境地，人们依赖稀缺的资源维持生命。按照巴克敏斯特·富勒的说法，早在二三十年之前，人类开始生产出足够维持生命的资源，比如说生产的食物能够养活地球上所有的人。

---

[1] Lehrer, *How We Decide*, p. 249.

因此，饥饿不再是农业或资源问题，而是分配制度或意识的问题。我们的职场也是如此。在职场上，我们大多数人的基本需要，例如住处、水、照明等，很可能已经得到了满足。我们当下最关心的是满足如何提升"连接—思考—行动"意识的需要。

有可能你所在的团队仍在使用传统模式做决定。在少数服从多数的规则下，当你属于少数那一方时，当你不同意提出的决定，而且似乎也没有人关心你反对的原因时，你有什么感觉？

在传统的少数服从多数的模式下，以下问题是非黑即白的：你同意还是反对这项提议？这种模式的目标是让51%以上的人同意提议。这种方式的问题在于：如果想要同时满足团队取得进展的需要和增强团队凝聚力的需要，你的选择是有限的。任何提议都可能存在这样的危险：有可能团队有近乎一半人即49%的人不同意这项提议，但他们不得不接受其他51%的人同意的提案。这样的决策满足了事情有所进展的需要，但是增强团队凝聚力的需要没有得到满足。

这可能会给组织带来问题，原因有三个。第一，投票反对提案的人可能看到了其他人没看到的东西，所以想要贡献不同的观点，而意见的多样性能够提升工作效能。第二，投票反对提案的人被忽略或排除在外，他们不会为决策获得成功而努力，因此很可能从中作梗或消极怠工。第三，他们有可能觉得自己的需要没人听到。若团队缺乏需要的意识，他们的需要就没有做出决策和工作取得进展那么重要，整个团队会失去活力，团队会失去和投反对票的人之间的连接。

少数服从多数的模式把效率和工作取得进展看得比连接和团队凝聚力更重要。另外，我们的模式把团队讨论的过程看得比做出决策更重要，

> 通过应用非暴力沟通所启发的需要觉察，同意模式超越了对达成共识或协议的渴望。它努力的方向是实现大家的相互理解以及对当前问题的理解。

但也不能同时保证工作取得进展的需要和增强团队凝聚力的需要。根据我的经验，重视过程这种做法要花很多时间，会让大多数人感到不耐烦；另外，一旦会议结束时没有做出某种决策，没有取得任何进展，参会者离开时往往会感到失望。你可能也参与过这种会议，与会的每个人似乎都有自己的立场，人人都想被听到，但却没有机制去推动不同的想法和观点。这成了一种循环对话，很多人一再重复说过的话，却没有添加任何新内容。

| 同意模式 |

我们来看看基于需要的同意模式。我称其为同意模式而非共识模式，是因为通过应用非暴力沟通所启发的需要觉察，同意模式超越了对达成共识或协议的渴望。它努力的方向是实现大家的相互理解以及对当前问题的理解。我发现对很多人来说，共识暗示着所有人都必须达成一致。我在引导团队时发现，"同意"一词创造了更多对话的空间，可以让大家探讨各自的立场与意见背后的需要。

那么，两者的区别何在呢？在同意模式下问题变成：你能接受这个协议吗？不仅如此，你可以接受这个协议到什么水平？做哪些改变可以满足你的需要？了解人们为什么说"不"很重要，找到他们有哪些需要没有得到满足才阻止他们表示同意。说"不"的人听到那些赞同的人的意见也同样重要，这样他们可以知道自己的反对可能会给对方带来哪些损失。做决定的过程变成一种让双方注重连接彼此感受和需要的机会，也为建立关系创建了环境，而不只是专注于主题或提案，即讨论的内容。

在基于需要的同意模式下，团队创造连接的环境和提案内容或要探讨的问题同等重要。因此，你可以既推动团队的发展，又解决讨论的问题。满足这两种类型的需要可为团队在讨论和决策过程中投入的时间和资源带来更高的回报。

梯度协议工具和决策制定图谱工具可以帮助小组或团队成员建立基于需要的连接，这种连接既高效又能带来合作。

| 梯度协议工具 |

1996年，山姆·坎纳和莱尼·林德、凯瑟琳·托尔迪、莎拉·费思克以及杜安·伯格等人一起设计了一个七步量表，可以体现团队成员对某个提议或想法投票时可采取的一系列选择。[1] 将非暴力沟通倡导的基于需要的意识应用于协议的每个梯度中，会增进团队成员连接的程度，也建立在坎纳模型之上。通过这种方式，当小组成员可能不同意提议内容时，他们会继续努力，不断深入理解不同意见背后彼此的感受和需要。在整个过程中，他们同时也在建立他们的关系。

同意模式使用梯度协议工具（见图8-1），决策制定者可以从其中7个级别中选择一个级别，用来表示我对某个提议的决定感到"舒适"的程度。在这个梯度表上，7代表完全同意或非常舒服；1代表阻塞或非常不舒服。任何低于7的选择（或者完全同意之外）都为表达需要创造了机会。6/7的选择同时满足取得进展和增强凝聚力的需要。对于选择1的人来说，一旦他们的需要被听到了，他们通常愿意提升梯度。

---

1 Kaner with Lind, Toldi, Fisk, and Berger, *Facilitator's Guide to Participatory Decision Making*.

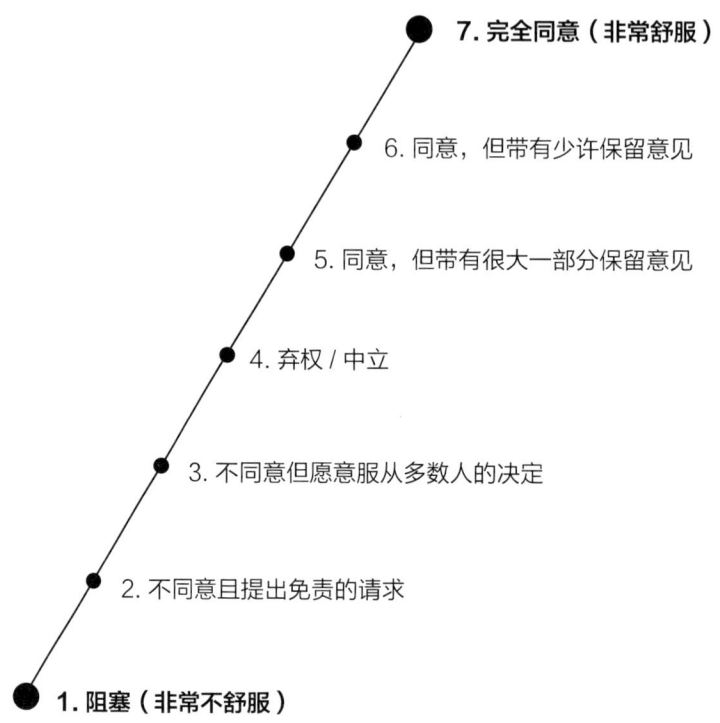

图 8-1　梯度协议

在我做过引导的小组中,当一小部分人想要阻止一个提议,因为如果支持它会让自己的关键需要完全得不到满足,我发现每个实例中都有两种动力因素支持团队成员同时满足取得进展和增强凝聚力的需要:使用梯度协议工具的同意模式以及表达并连接感受和需要的过程。以下故事就是这样的例子。

我曾经在一个由16人组成的工作团队中引导一个决策战略规划进程，这个团队代表了四个不同的业务部门。经济压力限制了他们选择在未来能够提供什么服务。由于资源匮乏，每个成员都意识到在一个方案上投入预算就意味着用于其他方案的资源会变少。会上有个人提出增加一项新服务，有两位团队成员反对，一位弃权，另外13个人则热情地支持。当反对的人听过其他人的感受后，他们愿意提高自己的梯度。他们也能听到其他人的需要。赞成者听到反对者的需要并连接到他们的感受和需要也很关键。赞成和反对双方的需要都很重要，所有与会者都有机会说出自己的想法、感受和需要。

例如，一位团队成员担心他之前没有接受过相关的培训，如果提议通过的话，他觉得他不够资格为新的服务项目做贡献。听到他的担忧，所有其他成员都表示对他的专业资格非常有信心。

这项提议四年多来一直没有进展。该小组的领导人认为团队的进展和团队凝聚力增强都归功于同意模式以及表达并连接感受和需要的过程。随后他给我发邮件，说他认为那次决策和战略规划会议是他们部门"历史上的关键点"。

使用梯度协议工具的同意模式，即使所有人都不完全同意某个提案，团队依然能够有所进展。大家选择同意的程度，每个人的需要都能被听到。如果有人依然选择1表示阻止，那么，大家可以针对那个人（或一些人）的需要拟定一个新的提案，直到他表示某种程度上的同意。用这种方式做调查或投票的目的是让成员们对需要理解得更清晰，而不会导致两方的意见两极分化。这是通过确保每一票背后的感受和需要都能被

> 同意模式和梯度协议工具让每个人的感受和需要被倾听到，并做出每个人都可以接受的决定，同时支持团队的进展，增强团队凝聚力。

所有人听到和接受来实现的。我发现有趣的是，当大家发现有人没选第7（表示不完全同意）时，他们会自然地好奇其中的原因，并且本能地想知道对方的看法。

我经常让人们走到画着梯度协议表的白板前，在最能代表他们对某个提议的同意程度和舒适程度的地方写上他们的名字。对很多团队来说，成员们在不同意某项提议时，这就成为加深相互理解的仪式；当同意某项提议时，就来进行庆祝。这种视觉化的方式能够有效地促进合作，让大家用纯粹的观察的方式公开地表达对一个提议的态度。在这种模式下，没有"唱反调的人"、"发牢骚的人"、"赢家"或"输家"，没有某个提案或意见是"好"或"坏"。大家看到的只有每个提案背后的需要，还有房间里的每个人。

我使用以下流程引导团队决策：

1. 总结某件事情的背景或历史。

2. 讨论事情的细节。

3. 提出一个提议。

4. 使用梯度协议工具公开透明地投票或表决。

5. 看看那些选择 4 以下的人，找出他们未得到满足的需要，尤其是选择 1 的人。我会询问他们是否觉得自己的需要被充分地听到和理解了。如果他们回答没有，我会继续询问他们的需要，并在必要时猜测他们的需要。如果答案是肯定的，我会问他们是否愿意提升他们的梯度。

6. 庆祝决策；或者从对先前的提案表示反对的人开始，制定一个新的提案。

7. 持续进行以上步骤，直到找到所有人都同意的提案。

> 使用同意模式和梯度协议，参与者通常可以在 30 分钟内就某个具体议题达成决策，而不用花上几个小时。

在整个过程中，我会留意人们的发言是否超出了其他人能吸收的程度。换句话说，如果有人在表达他们提出的反对意见背后的需要时，我会观察其他人是否会被触发。如果有，我会请每个人反馈听到了哪些觉得难以接受的话以及与之相连接的感受和需要。当反馈的人觉得自己被听到，我会要求倾听的人根据他们所听到的来表达他们的感受和需要。然后，现在在倾听的第一个人，再去同理那些表达的人，如此类推，直到之前不同意的一方和同意的一方在相互理解的基础上建立连接。

使用同意模式和梯度协议，参与者通常可以在 30 分钟内就某个具体议题做出决策，而不用花上几个小时。米基·卡什坦提出了一个可以用于提案、投票和达成协定的详细流程图，包括具体的提案制定和决策树（可在 www.baynvc.com 上查看）。[1] 虽然她的流程图与我上面研发和解释的流程有所不同，但两者都可以在保持连接的情况下在几分钟内让原本意见有分歧的团队成员从混乱到达成一致。

为了提高效率，卡什坦提出了一个有力且很大众的建议：说话者只是为对话增加新内容，而不强调或重复已经说过的内容。令人惊讶的是，当参与者只分享新的信息或观点时，讨论会进展得非常快速。

| 决策图谱工具 |

图 8-2 中的图表不言自明，它是根据国际公众参与协会（International Association for Public Participation）开发的一个频谱修改而成的，不同的用户可根据自身的特定情况加以改动。[2]

1　Kashtan. www.baynvc.com
2　International Association for Public Participation. www.iap2.org

> 冲突通常来源于大家对不同问题、工作流程或产品的决策权缺乏明确认识。明确对不同工作不同程度的自主权会将这些冲突视为流程方面的问题，而非个性方面的问题。

以往在调解团队成员的冲突或者指导团队时，我发现很多冲突来源于大家对不同问题的决策权缺乏明确认识。归根结底，团队或部门中的每个人都要对某项工作流程或产品担责。明确对不同工作不同程度的自主权能增进大家对工作的主人翁感。如果有人认为他有权设计一项新的销售项目或办公准则，但他的提议每次都被上司否决，那他的冲突发生在流程层面，而非个性层面。我发现当人们可以根据下面的图表进行关键区分时，他们就会消除将问题个人化的倾向。

理想情况是，在开始一项新任务前或在定期反馈会议上，你可以和团队成员或你的经理或员工一起坐下来重新审视这个图表。将非暴力沟通流程中的OFNR四要素（观察、感受、需要和请求）和这个图表结合使用，有助于建立关系或创设工作情境，并且明确工作或任务内容。为方便起见，一些团队会将商量、参与和合作合并。但是在图表的最两端，告知和授权一定是分开的。

在决策图谱上，授权者与被授权者双方在权力方面存在相反的关系。例如，如果我的团队领导**授权**给我，让我开发一个新的销售项目（表格的一边），我可以告知他（表格的另一边）我的进展情况。

总而言之，同意模式在使用观察、感受、需要和请求的语言及流程的同时，也使用梯度协议和决策图谱。通过这种方式做出的决策会使整个团队支持一致同意的计划，增进团队或团队成员之间的理解、凝聚力和连接，并且会在满足组织需要的问题和计划方面有所进展。

决策权限递增 →

每一级都是递进的，同时包含前一层级的要素

1-告知	2-商量	3-参与	4-合作	5-授权
目标				
为你提供关于特定情况、需要、策略和请求的准确信息	从你那里获取和特定情况、需要、策略、决策相关的反馈	直接和你合作，确保不断理解和考虑你的顾虑和期望	和你一起制定决策，包括找到需要，开发策略和考虑解决方案的优先级	与你合作，授权你制定策略、做决策和实施解决方案
承诺				
我们会告知你	我们会告知你，理解你的顾虑和希望，并告诉你我们将如何使用你的反馈	和你一起工作，确保在制定的策略中和决策中直接反映你的顾虑和希望	我们期待你在制定策略和决策时直接提供建议，并尽可能地把它们纳入其中	我们会实施你做出的决定
工具范例				
最新消息 简报备忘录 实时邮件 流程手册 公告 员工手册	问卷调查 讨论组 信息类会议 双向对话 一对一会谈	规划会 项目研讨会 投票 项目进展报告 互动式网站	决策委员会 咨询委员会 预算小组 合作会议	授权决策 自我管理式的工作团队 在协议约定范围内自主负责项目

图 8-2 组织中的决策图谱

*****

本章对一种同时考量个人需要和组织需要的决策方式做出了说明。第九章和第十章提供了一些方法，帮助我们处理在职场中也许会经常遇到的问题：表达愤怒以及当我们发现很难与人建立连接时如何与人建立连接。

第三部分

转化我们的职场

第九章

治愈职场中的愤怒、内疚、恐惧和羞愧

> 我们生气从来不是因为别人说了什么或做了什么……
> 生气的原因来自我们的想法——对他人的评判和指责。[1]
> ——马歇尔·卢森堡（《非暴力沟通》）

我将在本书第三部分探讨许多员工和经理曾向我提出的一些问题或者告诉我的一些他们很关心的话题。另外，我也想就一些我认为很重要的关于未来创建同理心职场的话题，谈谈我的看法。这些章节也有助于我们进一步加深对基于需要的意识的理解和应用，正如前面章节中通过非暴力沟通和整合式清晰架构所呈现的那样。

本章探讨职场中的愤怒、内疚、恐惧和羞愧。这些感受最妨碍工作效能，也是人们告诉我的最常见的、给他们自己和其他人带来不适的感受。第十章剖析工作中令我们不舒服或者难以应对的人际关系。最后在第十一章，我们看看如何一步步地开始创建同理心职场以及这种努力对自觉资本主义、可持续发展的社会和我们的生活造成的影响。

| 我们为什么会感到愤怒 |

你还记得上次在工作时愤怒，或者有类似恼火、沮丧、不耐烦、焦

---

[1] Rosenberg, *Nonviolent Communication: A Language of Life*, pp. 142–43.

躁或心烦等感受，是什么时候吗？

在很多职场环境中，人们谈论或承认大多数感受时会感到不舒服，但我发现人们比我想象中对愤怒感觉更舒服。很多人认为愤怒是一种合理的情绪，能够推动生产、为消费者保证服务品质，或者给公司或组织带来某种保护。然而，人们常常以给人带来隔阂而非连接的方式表达愤怒。隔阂源于我们认为某人或某事要为我们的感受负责，他人做错了事情应该被惩罚。

当我们告诉自己，"你让我生气了"、"你说的话让我很受伤"，或者"你没有给我应得的尊重"，我们就会欺骗自己，相信愤怒的根源在我们自身之外。我们可能没有意识到愤怒的根源与我们自己的思维方式有关。

卢森堡指出，当我们愤怒时，会有以下三种想法和行为：

1. 我们想要一些我们还没得到的东西。
2. 我们告诉自己，别人"应该"把它给我们。
3. 我们正准备使用的语言或行为几乎保证不会让我们得到想要的东西；或者即使得到了，也不是以我们最期待的方式得到的。[1]

以下故事来自律师兼非暴力沟通冲突调解培训师艾克·拉萨特，我们在第三章介绍过他。试着在下面的故事中找找卢森堡提到的以上三点。在这个小故事中，艾克向我们展示了愤怒的力量（即使我们知道有更好的办法）以及非暴力沟通如何强有力地平息愤怒。

在我第一次遇到马歇尔·卢森堡并学习非暴力沟通之后的大约第七

---

[1] Handout from the Center for Nonviolent Communication. Direct inquiries to: www.cnvc.org

个年头，我参加了一个组织的董事会，这个组织我曾为之做过许多咨询工作。在之前很多次董事会上，董事们不断探讨两个相关的提案，我认为这两个提案有着千丝万缕的关系。董事会主席主张采纳第一个提案，而我则建议使用另一个。

我们最终对第一项提案进行了投票表决。就在投票结束后，主席建议大家在下一次董事会再讨论我感兴趣的第二个提案。

我马上得出结论，认为他在玩弄政治阴谋，想让第二项提案永久搁置。我怀疑他早有预谋，我在不知道我感兴趣的提案将会被如何处理的情况下被骗去参与投票表决第一项提案。我不信任董事会主席的动机，立刻火冒三丈。我能感到我的脸涨得通红，后颈部的汗毛直立。

我起身发言。

在这次会议前，我已经花了7年时间尽可能地把非暴力沟通融入我的日常生活。尽管我对我所解读的正在发生的事情很生气，但我可以保持足够的觉察，并以类似经典非暴力沟通"训练轮"的方式发言："当我听到……我感觉……因为我需要……，你愿意……吗？"

在我站起来之后，我解释说，看到主席建议把第二项提案推迟到下一次会议讨论时，我认为无限期搁置它是计划好的一部分。我说我对此很生气（这一点显而易见，因为我当时可以说是唾沫横飞、满脸通红），然后我继续说我需要相信接下来要发生的事，但是我没有。我提出了请求："有没有人和我看法一样？"

然后我就坐下了。我很快意识到我刚刚用非暴力沟通的方式大声地做了一次自我同理，帮助我和自己重新建立连接。我用表达满足了同理的需要，而不是让别人同理我或者静默地同理自己。

当我坐下时，我的愤怒消失了。它来得快，去得也快。当然了，我还能够感受到体内神经传导素和荷尔蒙分泌后的症状，但我已经不生气了。

房间里一位我绝对信任的人转身直视着我，对我说："我和你的看法不同。如果下次董事会上，这件事没有得到重视和讨论，我向你保证，我会和你同心协力，确保它被考虑。"听到他的话，我答复道："好的，这是我所需要的。"然后我就能与自己和他人连接，并继续参与董事会了。

让我惊讶的是，这次我在会议中的愤怒和之前参会时愤怒的经历非常不同。我曾作为辩护律师出席过很多会议，还在不同的非营利性组织董事会任职。每当有人在这种情况下生气，我们就会在会后进行许多"撞球"式的沟通。在我过往的经历中，大家表达愤怒的方式通常是破坏性的，并附加了不良的连带后果。这次的情况却并非如此。

会后没有任何人跟我说我在会议上的表达让他们不舒服，我也没觉得有其他挥之不去的影响。这就像一场春天的阵雨，雷雨来去匆匆，空气清新。这次经历让我看到了非暴力沟通的力量，自我同理让我以一种纯粹的方式表达我的愤怒，没有留下任何乌云。

（艾克·拉萨特和朱莉·斯蒂尔斯均已被列为本书的贡献者。）

愤怒是一种有价值的感受，它提醒我们，我们内心、我们自己或是周围发生了一些情况，呼唤我们马上关注。人们常常评判愤怒是"不好的"。如何表达愤怒是另一码事，但如果我们知道如何与它相处并用健康的方式表达它，愤怒可以是富有成效的。如果我们能够觉察到自己对愤怒的评判，认识到它本身并无好坏之分，只是让我们注意到有些东西停止了运作，甚至是危险的事情，那么愤怒可以给我们带来巨大的价值。意识到这一点后，我们就可以采取措施，满足这种情绪尝试传达给我们的背后的需要。

我以前表达愤怒的方式给我带来很多挑战，这很可能和我成长过程中所遵循的文化准则有关。非暴力沟通帮助我更好地理解这种感受，并让我用更有成效的方式处理愤怒。

| 职场中愤怒的代价 |

愤怒会让我们的工作偏离正轨，也会对我们的工作效能造成巨大的负面影响。责备的言外之意以及惩罚的能量会破坏团队士气，也会损害与同事或客户的人际关系。许多客户服务部门都不顾一切地想办法帮助他们的员工与客户建立连接，即便客户表达愤怒的方式让客服代表难以接受甚至很痛苦。

我在个人生活与职业中关于愤怒的经历表明，愤怒与其他情绪，例如内疚、恐惧和羞愧等之间相互作用的关系会在职场中产生破坏力。在前面章节里提到过，当我们听到或看到难以接受的事情时，有四种可以回应的方式。我们可以选择：指责自己（感觉内疚）；指责他人（感觉愤怒）；连接自己的感受和需要（自我同理）；连接他人的感受和需要（同理他人）。当有人（尤其是拥有职权的人）在众人面前表达愤怒，意图指责、惩罚或羞辱他人时，不仅会让这个人感到羞愧，也会刺激到在场的其他人。愤怒也很容易引发恐惧。

我们如何解读一个人愤怒地表达是意图指责别人还是惩罚别人？这取决于我们过去的经历、和这个人打交道的经历以及我们自己从个人健康到面临的压力程度等我们生活中的其他状况等诸多因素。我知道这不像我们最初认为的那样非黑即白。如果我们不喜欢别人表达愤怒的方式，我们会说他们"做错了"或者行为"方式不恰当"。我的一部分工作是和被极大地刺激到的人沟通。他们提高嗓门，或者使用一些让人听起来不舒服的言语。我在内心猜测他们的感受和需要，这么做可以帮助我和他们保持连接或者让我比其他人感觉更舒服一点。我告诉自己，他们的行为不是针对我，而是在表达他们自己的感受和需要。他们通常在第一次和我见面时就这样，我们以前并没有打过交道。

压力过大和超负荷工作让我们没有时间关爱自己、与自己连接，和他人的连接更少。这也是导致我们焦虑不安的原因，让我们可能对别人的愤怒反应过激，也可能使我们自己容易产生愤怒的感受并愤怒地进行表达。

正如在第五章中所说明的，某些饮食习惯也会破坏我们在工作场所保持冷静和展示同理心的努力。和我一起工作过的一些高管每天要喝六杯到八杯咖啡提神，有一位顾问每天要喝六杯双倍浓缩咖啡！其中几位在深入了解了咖啡摄入量和他们的不耐烦或担忧等焦虑不安的感受之间的关系后，减少了咖啡因的摄取量，这让他们觉得心情变得比较平静，面对职场中的工作压力和人际关系时也更轻松自在。这种天然的刺激物也能让我们在晚上睡眠不足，使得人们在白天更容易烦躁。它可能不会让所有人都容易生气，但是它让神经系统兴奋，使得人们更容易对刺激产生反应。它可能会给产生的怒气火上浇油，使人们的情绪反应更加紧张，别人会把你的这种情绪反应解读为你很愤怒。

朱迪斯·奥洛夫·佛尔克是"选择"项目的课程研发者，她认为愤怒是表面的感受，而不是真正的感受。它掩盖了其他感受，诸如受伤、难过或恐惧等。我们也许习惯了把愤怒作为一种方式来逃避体验其他感受或不接纳它们所带来的痛苦。有些人也用愤怒掩盖羞愧和内疚这个事实。

除了愤怒，恐惧也使我们难以倾听自己或他人。在第七章提到过，小组成员说为什么我们只能听到别人所说内容的30%~50%，其中一部分原因是我们的内心在对话。这是很惊人的发现！恐惧可以引发我们内在或战或逃的应激反应，让我们无法真正地与他人连接。

塔尼亚·辛格博士指出，作为人类的我们有两种相互矛盾的能力：爱的能力和恐惧的能力。"我们必须先学会处理好自己的恐惧，才能培养起对他人慈悲的能力。"她指出，当我们的恐惧增长，慈悲的能力就会减弱，这两个要素"永远处于此消彼长的平衡关系"。为了培养慈悲的能力，她建议我们了解自身的恐惧、识别它们并学习如何"调节"它们。当不再为自己担忧或害怕失去什么，我们就能够对外部世界敞开心扉。[1]

我们可能都有过这样的经历：恐惧、内疚或羞愧的其中一种或多种感受被触发时，如果不承认它们，不把它们与我们未被满足的需要联系起来，我们就会开始愤怒，从而削弱我们与团队成员或客户进行同理连接的能力。

---

1 对辛格的采访，2010年。

| 在职场中充分地"表达"和接收愤怒 |

卢森堡说:"充分地表达愤怒要求我们对自己的需要有充分的觉察。除此之外,我们要有能量让需要得到满足。然而,愤怒会汲取我们的能量,把我们的能量引向惩罚别人而非满足我们的需要。"[1]

与其成为他所指的"合理的愤怒"中的一员,我们倒不如练习自我连接,同理我们自身未得到满足的需要。我的亲身经历证明了这种方式是有效的。请看以下这个例子。

我曾经参与过一个大型的建筑团队项目,项目成员多达40人,他们各自背景不同,从私人工程公司员工到社区关系专家等,他们在项目中承担不同的角色,整个项目的总值超过一亿美元。其中一位和我接触不多且有决策权的项目领导向所有人发了一封邮件,质疑我的一项提议。他不清楚在其他相似的项目中,同理心在社区关系方面的运用非常成功。在这种情况下,有些人可能会感到愤怒或者产生了"合理的愤怒",毕竟我被引入团队,是让我在我擅长的领域给团队提供一些咨询。尽管理智告诉我,他的目的不是要让我难堪,尽管在当时的情形下我没有理由感到羞愧(因为其他团队成员觉得我提出的想法很合理),但我仍觉察到自己感到难堪。我把这些感受与我对尊重和支持的需要相连接。当我忽视了自己作为这个团队的一员所要满足的需要时,这种感受就会频繁地出现。

例如,当我重新连接到我的需要,也就是支持那些被这项建筑工程

---

1 Rosenberg, *Nonviolent Communication*, p. 144.

影响的企业主、员工和经理的时候，对于那位项目领导的质疑，我有了不同的看法。我把之前听到的批评翻译为猜测他可能感觉担心，他的需要是预测社区人员的反应；或者他感觉有压力，因为以前有人曾经质疑过他的能力，他需要确定自己能够胜任；又或者因为他过去和担任我这个角色的人有过不愉快的经历，使得他感觉焦虑不安，他希望做这个项目时感到更自在。

需要说明一点，他对我产生的羞愧或内疚的感受以及对尊重的需要无须承担任何责任。虽然他引发了这些感受和需要，但他无须为此负责。

在这种情况下，我首先进行了自我同理。当我注意到自己从指责转向感激这个工作和我可以参与其中时，我就能够同理对方了。当我同理连接自己和我的团队成员，我不再需要被理解或者去表达我这边的情况，我也不再觉得羞愧或难堪了。这一切通过我的内心变化这一简单的方式发生了转化。现实世界的情况没有什么变化，但我内心的对话完全改变了。

我发现这个过程很有帮助。我建议我的客户在工作中被别人的愤怒或指责刺激到时，先进行适度的自我同理或请求别人同理自己，然后再寻找与对方沟通的恰当方式。为什么这么做呢？很多时候，当我们的需要以其他方式得到了满足，我们便无须再向对方提出请求，仅对自己提出请求即可。因为我无须对此人汇报工作，而且我汇报工作的对象已经明确告诉我，他们希望我实施我的提议，所以通过静默同理，我与质疑我的人进行了连接。

倘若在自我同理和同理他人后，我依然感到愤怒而且想表达出来，我可以按照非暴力沟通四要素的流程再做一遍。然后，如果我对自己提出的其他请求（例如出去走一走）依然不能满足我的需要，那么我会尽可能彬彬有礼地向引发我这些情绪的人提出请求来表达这些感受。别人对我们产生的感受无须担责，但他们能够对这些感受产生影响。

我随后可以做的事情：

1. 通过强调我非常看重双方的关系或者告诉对方我对他的感激之处，向对方提出见面或交谈的请求。

2. 尽可能用清晰的观察说出引发我感受的所见所闻。

3. 说出自己的感受和被激发却未得到满足的需要，包括个人的需要和组织或团队的需要。

4. 向对方提出请求：首先，确认他听到的正是我想表达的，而且我的目的旨在建立连接而非责备；其次，了解对方的想法；最后，探讨双方都有哪些请求，看看什么对双方最有价值。

愤怒、内疚、恐惧或羞愧的感受源自我们如何解读所见所闻。即便这些感受由外在的刺激引发，但它们源自我们的内心，我们有力量通过自我同理和同理连接他人转化并疗愈这些感受以及相关的需要所带来的痛苦。

有些经理或员工在听到以上关于愤怒的真正来源时表示不可置信。他们会问："如果有人做了坏事呢？这不是让我们生气的原因之一吗？"确实是的，在工作和生活中有很多情况都能引发我们重要的根本需要。但是如果回想一下第三章中的午餐之约练习，我们就可以把同样的推理过程应用于任何触发我们愤怒的情况中。很多事情并非我们认为的那样非黑即白。人们总是在满足他们自己的需要，我们解读对方的行为也是基于我们自身的需要。

当然，我们也许会遇到选择使用卢森堡所称的"保护性强制力"的情况。这意味着我们不得不单方面采取行动而无法顾及其他人的需要。在《非暴力沟通·职场篇》一书中，拉萨特用他自己的观点解释了这种情况："如果我试图去考虑对方的需要，尝试去弄清自己的需要，传达了我的需要并提出了请求，制定和重新审视了协议，结果在某个时点我开始变得不愿意再和对方继续尝试沟通了。这时的问题就变成了：我要用什么态度采取行动？如果我要使用保护性强制力，那么我会尽我所能地在采取行动时不带着怒气，也不试图去责怪、惩罚对方或让他感到羞愧、内疚、沮丧等。我会做必要的心灵功课，让我在采取行动时对自己和对方都心怀慈悲。如果没有慈悲心，我只能依赖职场上典型的方法来解决问题，用强制力来压制对方。"[1]

《非暴力沟通·职场篇》一书把非暴力沟通应用到了不同的职场挑战中，包括愤怒、偏见、让一些人感觉不舒服的幽默、权力问题、各种投诉、破坏协议、共享办公区域、回复邮件等。

| 职场中的疗愈 |

我一直在自己探索或和客户一起探索针对愤怒、内疚、恐惧和羞愧的"解药"或疗法，我发现以下这些"解药"颇有价值。也许你知道自己的方法，或者在不断尝试和失败中找到你的方法。

1　Lasater With Stiles, *Words That Work In Business: A Practical Guide to Effective Communication in the Workplace*, p. 109.

表 9-1 治疗消极情绪的解药

职场中的感受	消解方式
愤怒（烦躁、恼怒、不耐烦）	对正在运作的事情或我们所拥有的东西表示感恩
愧疚	自我接纳
恐惧、疲劳	自我关爱
羞愧	自我欣赏

　　自我欣赏也许需要我们对描述自己的语言有更多的觉察，尽管这些话只是说给自己听的。自我关爱或许意味着解决我们的健康问题，累的时候休息以及选择吃健康的食物等。自我欣赏还可能意味着挺身捍卫自己、坚持自己的价值观，相信我们和其他人一样值得受到尊重。

　　我发现将这些方面运用到我的工作环境和个人关系中时，最大的挑战之一是原谅自己有时做出的选择与本书中描述的价值观不符。当我没有做到与内心的感受和感受背后的需要很好地连接，或者与他人互动时不如自己期待的那么机智，我会感到有所遗憾，但是我对此不会感到内疚或有羞耻感。我努力同理自己尝试满足的需要，并为没有满足的需要感到惋惜。卢森堡把这个过程称作哀悼和自我宽恕。

　　我有很多客户在第一次真正经历这个过程时也遭遇了同样的挑战。如本书之前所述，我们的语言和行为的习惯根深蒂固。认识到这一点很重要，因为首先要承认这个过程需要练习。我们的职场中需要有一群

"反叛者"发起这种新维度的沟通，并成为他人的榜样。练习这项新技能需要花费时间和精力，所获得的回报是越来越多的人开始意识到它的有效性，就像一位来参加我工作坊的学员所说的那样，"火起来了"。当火势蔓延，我们的组织内部会开辟出一条通往和谐、更高的工作效能和真正的繁荣发展的变革之路。无须考虑做得多么完美，只是去做就好，如此而已。

******

本章重点探讨了如何将职场中使人士气低落、让人失去连接的具体感受转化为基于需要的理解。在第十章，我们将讨论如何与让自己黔驴技穷、无计可施的人建立连接。

第十章

和难以连接的人建立连接

> 所谓"难相处的人"是指对方提出问题的方式或者行为超出了我们当前的技能水平,让我们无法敞开心怀去应对。所以,"难处"在我们自身,不是对方有问题。[1]
> ——英博·卡什坦和米基·卡什坦(湾区非暴力沟通中心)

多年以来,我看到很多讲解决冲突的书籍或者文章都在使用类似"与难缠的人沟通"或"如何处理棘手的对话"这样的标题。我不太认同这些标题,他们要么评价一个人是"难缠"的,暗示问题出在对方身上,要么就评价或预设双方的沟通是"棘手"的。如你在本书前面读到的,整合式清晰架构和非暴力沟通主张客观的观察而避免评价,哪怕是积极的评价。

本章使用这样的标题,是为了强调没有人是难缠的,只是某些人的行为方式超出了我们目前和对方建立连接、理解和沟通的技能水平。事实上,与挑战我们应变能力的人沟通是一份礼物,因为他们帮助我们看到了自己重要的未得到满足的需要。回想一下,如果这些被引发的需要已经得到了满足,我们在和对方沟通时就不会感到不舒服或者不安了。

---

[1] Kashtan and Kashtan, Handout, "Responding to Challenges from Participants: Preparation Notes," p. 1.

> 我建议在回答对方问题或提供信息之前,先和那些表达未得到满足的需要的人建立连接并同理他们。

我们产生不愉悦的感受不是源于那个"难缠的人"或"棘手的对话",而是因为我们当前的技能不足以让我们连接自己和他人的感受以及未得到满足的需要。我们通过两个事实知道它是真的。首先,第三章的午餐之约练习表明人们对同一种情况会有不同的反应。其次,我们认为"难缠"的人,某些人在某个地方可能会认为他们是"善良的""有趣的""可爱的"等。我们对他人的观点和看法很多时候取决于我们过去的经历。

| 为什么我们难以和某些人建立连接 |

在职场中,我们在与一些人沟通时比较困难,我认为主要有四个原因。这要求我们要充分发挥自己的技能和才智,才能建立我们想要的连接。

1. 双方有类似的未被满足的需要

我发现若两个人在沟通时感到气氛紧张或发生冲突时,他们通常有相似的未被满足的需要。例如,假设我和你都需要被理解但是都未得到满足,很有可能我们沟通时这些未被满足的需要就相互碰撞了。因为我们都想要被理解,所以我们可能都带着回应的目的去倾听,而不是去同理对方的感受和需要。

客服人员和人力资源部门员工经常遇到这种情况。对服务或产品满意的客户不太可能给客服打电话,不满意或有问题的客户才会。我在给处理投诉的人们培训时重点强调:即便对方只需要一些信息,也要在回答对方问题或提供信息前先和那些表达未得到满足的需要的人建立一定程度的连接,并且同理倾听对方。在做任何解释、辩护、教育和告知前,先建立连接,会为回答他们的问题或提供他们想要的信息奠定对大部分人来说,在对话或互动中,当感到被充分倾听时,会稍微放松一些。

基础。

也许有人会打电话说:"你们公司欠我一个新产品,因为我买的东西在运输过程中损坏了。我什么时候能拿到一个新的?"这也许能够通过同理连接对方的感受和需要来解决:"你很失望,因为你想马上使用这个产品对吗?"

我们留意对方语句的停顿或他们表达时能量水平发生的轻微变化,就能得知对方感觉自己被倾听到了。对大部分人来说,在对话或互动中,当感到被充分倾听时,会稍微放松一些。也许变化不是很明显,但通常都可以找到蛛丝马迹。在我们与对方建立足够的连接后,就可以直接回答问题了。

或许我们也可以问问打电话的客户,她是否愿意多说说她的失望和懊恼。"你愿意更详细地告诉我你收到产品后的情况吗?那也许会有些帮助。"她也许会说好的,又或许会说:"不,我已经在这件事情上花了太多时间了。我买的东西该到了,也准备要用了,但现在根本用不了。"她的话透露给我们许多她可能未被满足的需要,也许她需要效率、放松或诚信等。

如果她愿意继续跟我们交流,我们可以问她:"请告诉我发生了什么。"在她分享时,我们可以安静地同理她,猜测她的感受和需要。当我们觉得她说完了,也相当确定她觉得自己被倾听到了,我们可以接着问她:"你愿意听听换货方案吗?"

如果我们把客户的语气、目的或信息理解为她在指责、评判或是生气,我们有可能会感觉沮丧,也希望得到理解。哈茨威兹把这种情况称

> 对一个人在职场中可能和他所担任的职责相关的价值观和需要保持警觉。

为"同理心碰撞",即双方同时都想得到同理和理解,而在那一刻没有一方想要放弃,情绪上的冲突一触即发。

所以,当我感到困惑,不能像我希望的那样轻松地与某人连接时,我会开始默默地猜测一个可能存在的双方都未被满足的需要。因为我清楚自己的感受和需要,我可以据此猜测对方的需要。虽然只是猜测,但这为我与对方的沟通提供了参考依据,所以对我很重要。即使我猜测的结果与事实不符,对方的需要和我想象的完全不同,我也参与了一个排除可能需要的过程。这样做让我感觉更加舒服,增强了我们的连接,甚至可能会消解我对他们的各种评判。

我多次见证了非暴力沟通和整合式清晰架构的力量,它们先在一小群核心人员中发挥作用,然后扩大到整个团队和组织。而这只需要少数几个真正想要使用它的人理解并实践。

2."文化"或价值观冲突

和某些特定的人沟通超出了我们的技能水平,其第二个原因与组织或团队文化有关。这一点在多元化、跨文化的团队中尤其重要且值得强调。不仅不同文化的组织之间(例如公司合并)需要考虑优先满足哪些需要,在组织内部也一样。从组织的六大共通需要的框架出发,可以帮助我们识别和连接到更大的组织以及组织内部的各部门和团队的需要,这些部门和团队也许对应他们特定的职能还会有附加价值的需要。比如会计对细节和准确性的需要可能与销售代表不同;而销售人员可能更看重与时间的连接和未来更广阔的愿景。关键在于,我们要对组织里担任特定职责的人员的任何需要和价值观保持警觉和敏锐度。

> 在人类进化的历史长河中，为他人做贡献的需要已经成为我们每个人的基因编码。我们并非在学习一些新的知识，而是在记起我们已经遗忘的东西。

3. 经常性的变化

我们和某个人以及和我们提起过这个人的人打交道的经历，将影响我们当下的沟通。我曾经听卢森堡提醒过我们，由于我们不可能知道每个人每时每刻都在经历什么，所以和每个人的每次互动都是崭新的。这一分钟他可能感觉平静，想和人沟通；下一分钟他有可能就会感到担忧，需要解决问题。人们每个时刻的感受也是全新的，因为根据我们对自己讲的话和我们认为别人跟我们讲的话，我们的需要是否得到了满足的状态也在发生着变化。

了解这一点有助于我们摆脱从过去的经历"知道某人是什么样子"的思维定式，也不会对组织中的人们如何选择集体行为怀有期待。没有所谓的"好人"或"坏人"，也不存在"好组织"和"坏组织"之分，有的只是我们是否赞成他们的选择和行为。即便有时候个人或组织的选择不能满足我们或别人的重要需要，这让我们觉得厌恶，但所有的人和组织都在为他们自己的需要服务。

当我们的意识以需要为基础，就会尽力寻找满足所有需要的策略。因为在人类进化的历史长河中，为他人做贡献的需要已经成为我们每个人的基因编码，所以这是有可能的。我们是社会性物种，在最深层次的同理连接上理解他人是自然而然的行为。我们并非在学习一些新的知识，而是在记起我们已经遗忘的东西。这样看来，当遇到了考验我们连接技能的人时，对方在送给我们一份叫作"记忆"的礼物。

4. 我们自己的能量状态

最后一个原因，我们有时可以和挑战我们技能的人轻松地连接上，

> 我们不断变化的能量水平和组织能量的需要，会影响我们在职场中与他人或客户连接的轻松程度。

这与我们的身体、精神和情绪的能量状态有关。要与对方连接，甚至出现和对方连接的想法都需要能量。虽然我们天生是社会性物种，天生就有连接的需要，但在任何既定时刻，我们的能量状态可能都会低于我们的期待。我们在第五章讨论过健康问题，我们得到充分休息并感到满足的时候与别人连接，和我们疲惫且压力重重的时候可能会截然不同。

组织对能量的这个需要也是一样的。在某些时候，一个组织的能量（在整合式清晰架构下，组织的财务、人力和科技资源等的总和）有可能不符合组织成员的期望。如果组织或团队中的人都觉得工作量大到让人不堪重负，需要集中精力，那么大家的集体反应将不同于感觉精力充沛、需要通过工作满足人生意义时。

以上提及的原因，每一个都只和我们自己、我们所在的组织和团队有关，和别人无关。没有人难缠，客户不是给我们带来麻烦的人。那家公司也并不差劲。我们只是有时候遇到了一些超出我们当前技能或能量不足的情况，所以无法创造我们想要创造的、让我们感到轻松愉悦的连接和互动而已。

| 增强连接的能力和技巧 |

当某些人的言行触发了我们未被满足的需要，要与对方连接时，需要自己或组织投入精力。在与对方互动的过程中，我们需要自我同理不舒服的感受，这样才能真正地面对对方。当我们发现挑战时我们去进行自我同理，这是在平衡与他人的互动。现在我们通过自我连接和同理他

人在两方面都拓展了自己。这个过程也许会在和对方的互动时同时进行，也有可能会在两次互动之间发生。

如果这样的互动添加一个组织的属性，比如说召开一次会议，这样我们就要处理组织信息，并且三个层次的沟通（个人内在的、人际的和组织层面的沟通）同时都很活跃。当我们在这种环境下被触发，互动会变得非常复杂。

有用的策略

我们可以使用以下策略应对考验我们的情况：

1. 尽量避免在被高度触发、感到愤怒、不耐烦、疲倦和快崩溃等的时候与他人互动。根据我的经验，我会尽可能将会议改期，让自己有时间深入地自我连接，以便为所有人创造更高的效能。因为被外界触发时我们的注意力基本都在防御、解释或者辩护上，而不是倾听当下发生的事情，所以效能很低。

2. 如果不方便调整会议时间（这经常发生），我学会了在会议过程中静默地同理自己。别人看不出来我在进行自我同理。我会在不妨碍参与会议的情况下时不时花几秒钟的时间来做一次。例如，当大家入座准备开始会议之前，我不会和别人闲聊，而是为保护个人隐私稍稍离开一点桌子，拿出纸来画一个三列的表格：在表的第一列最上方写下"F"来代表感受，另外两列分别写上"N"（代表需要）和"R"（代表请求）。我在几秒钟内做一些猜测。和我学过这个技巧的人会发现，就像我一样，即使只用 30 秒钟，也可以建立很深的自我连接，在会议中做出对自己和团队更高效的选择。

3. 如果我没有时间、精力或动力做自我同理，我就简单地告诉我自己："好吧，先把自己的感受和需要放在一边，看看我能不能猜到这个人的感受和需要，他可能会有什么请求？"这时，WATT（why are they talking，他们为什么说话？）就成为我关注的焦点，取代了第六章提及的WAIT（我为什么说话）。

4. 请求一位我信任的同事或工作圈子外的人"快速同理"或者倾听我，也是我喜欢的策略。我曾经给同事打电话说："你有3分钟时间吗？我需要人同理我一下。"我的同事也曾为此给我打过电话。我们几分钟就说完了。当你只是想要有人听你说，被别人倾听会让你觉得很有力量，别人也一样。

5. 还有一个策略我总是称它为"投降"。有时候我忘记了该说什么和该做什么的时候，我就只是告诉自己："我完全迷失了。接下来我要做什么？"

我认识到这也是一种同理的方式，我承认自己已经黔驴技穷了。我发现这为我创造了探索未知可能性的空间，这是额外的好处。与我们所认知的工作要求我们去做的相反，我们不知道所有问题的答案，而且永远也不会知道。当我用这种方式处理一些问题时，我感到一丝释然，也种下了一颗可能性的种子。

与人互动时遇到的挑战源于我们自身，这样的观点赋予了我们力量。如果挑战是从我们自身开始的，那么也可以在我们这里终结。

*****

本章重点探讨了没有"难缠的人"或"棘手的对话",只有挑战我们连接能力和技能的人和情况。在第十一章,我们将结合之前的所有内容,探讨自觉资本主义和组织的社会责任的趋势。下一章也提供后续的步骤,协助你和组织开始探索需要的意识和人类连接的扩展维度。

第十一章

对未来职场的影响

> 成千上万的人心里存在着这样的渴望——在工作中找寻道德和意义,
> 在压力重重的商业世界中体验神圣的和平与使命感。
> 这些都是"内在"的真理。这种内在的想法深刻地影响着人们的行为:
> 人们会选择投资那些与同行相比有更高社会、环保和道德标准的公司;
> 决定只为尊重自己热情与创意的公司工作;
> 发誓只购买那些拒绝输送"血汗工厂"劳动力的零售商的商品。[1]
> ——帕特里夏·阿伯迪恩(《2010 年大趋势》)

| 展望未来 |

很多书籍和顾问专门研究企业社会责任和自觉资本主义,基于需要的意识可以作为它们的基础。它们的核心都是引导人们回归共通的需要,为 21 世纪以及未来世界创造一种新的商业经营的方式。

说到组织中的连接和沟通,卢森堡和我在《变革手册》中表达过这样的愿望:我们希望每个组织都非常清楚自身共通的需要,并让员工、股东、客户和其他利益相关者都清楚个人的需要和价值。"我们相信,当这样的事情发生时,每一位员工都能更轻松地在满足自己需要的组织中

---

[1] Aburdene, *Megatrends 2010: The Rise of Conscious Capitalism*, p. xvii.

找到自己的位置。每个组织也能找到最符合他们价值观的人才。"[1] 因为价值观不符导致的冲突必然会减少。

纽约时报畅销书《2000年大趋势》的作者之一帕特里夏·阿伯迪恩在她所著的《2010年大趋势》的序言中，特别强调了一些概念。它们非常符合本书提倡的基于需要的意识：

·缺乏以人为本的意识，任何商业或科技的发明都不可能有所成就。

·科技是意识的外化。

·我们内在的理想和信念决定我们的行为。

·这些内在的真理就是我们的价值观，它们在改变中扮演关键的角色。

·改变价值观和经济规律的共同作用正在使资本主义发生变革。[2]

我相信在未来的5~15年之间，同理心技能将成为大型公司、大学、非营利性机构、政府机关和小型企业最重视的特质之一。回归人类天性的召唤，也就是同理连接，是有巨大力量的。当前，猖獗的假账丑闻、混乱的金融市场、日益增长的赤字、人们日益渴求在工作中实现更多的个人意义和为工作做出贡献，都助长了这一趋势。

那么，怎么做才能让组织从旧有的范式转变为全新的同理心维度呢？本章探讨我们对未来的期待和可以采取的步骤。

1　Miyashiro and Rosenberg, *The Change Handbook*, p. 132.
2　Aburdene, *Megatrends 2010: The Rise of Conscious Capitalism*, pp. xvi–xvii.

| 如何将非暴力沟通和整合式清晰架构融入组织文化 |

首先我们要认识到，转变先从每个人开始，由内而外地进行，然后再扩展到整个组织。随着时间的推移，它会成为沟通和运营的一种正常方式。因此，这个过程始于一些核心领导人和员工一起学习并实践非暴力沟通，把它作为团队或组织的沟通工具和一种工作架构。一位引导者或一小群实践者向大家解释和示范关键概念以及与其他概念的区别。当领导者熟悉了非暴力沟通的方式以及如何将它与组织需要（整合式清晰架构）联系起来后，他们会成为非暴力沟通的示范者并引导他人使用。非暴力沟通和整合式清晰架构不是以传统的方式来教授的，它的学习在于分享和生动地应用。

建立以下的支持系统会对你有所帮助：

·评估组织当前的状况（请参见本书附录中提供的简略版评估工具）；

·定期、持续举办非暴力沟通和整合式清晰架构的培训；

·练习、探究并将相关概念应用于组织中；

·使用非暴力沟通和整合式清晰架构工具进行战略对话，找出组织的需要；

·应用某种流程监测实施过程，例如组织需要数据表；

·追踪进度，定期评估哪些需要已经得到最大的满足，哪些需要的满足度最低。

关于非暴力沟通语言

将同理心语言和使用流程融入我们自己的意识中是非常重要的。这样它才能自然而然地得到应用，而不会被人认为是操控他人的"技巧"。使用同理心语言的目的是为他人赋能并帮助他们满足自身和组织的需要（这些需要是指本书中定义的需要）。当人们真诚地与同事和客户建立越多的同理连接，组织就越有生命力，因为他们在回应别人"内心鲜活的东西"。当人们被赋能，觉得自己对尊重的需要被满足时，生产效能就会提升。

关于组织需要

所有这一切都要源自确定、澄清和阐明身份、服务生命的目标和方向这些组织的根源需要。在组织对运营和基础设施进行投资建设之前，先就组织架构、能量和表达等杠杆需要进行战略对话是非常重要的。一旦这六大共通需要确定之后，通过对员工进行必备的其他方面的培训（例如技术）和购买相关设备等为员工赋能来支持去实现这些共通需要也是很重要的。在整合式清晰架构下，对于培训的投资决策很大程度上依赖于工作中的员工本身。

整合的过程需要多长时间

尽管大家经常问这个问题，但我还是很难回答，因为答案涉及各种变量，例如组织的规模、遵循程度和参与的程度、组织初次评估时的状态等。此外，每个使用者都在不断地改进流程，组织需要也要随着时间的推移经常被重新考量以适应持续的变革。

金博尔·费希尔在他的著作《带领自我管理的工作团队》一书中建

> 将组织需要与个人需要纳入同一个框架中，可以在日常工作和业务指标的情境下学习这种基于需要的方式。这样人们就可以在学习的同时完成他们的工作。

议，一个人10%~20%的工作时间要用来学习。[1] 尽管费希尔指的是自我引导及赋能型工作模式，但这个原则也适用于学习非暴力沟通和整合式清晰架构。我们需要采取多种形式，例如正式的课堂培训、练习小组、教练、职业辅导以及小组会议等，把非暴力沟通和整合式清晰架构应用到组织中。重要的区别是，这些培训和练习都要与人们的工作任务相关，人们在学习时也要完成工作，而且随着他们的进步，工作也会做出更好的结果。将组织需要与个人需要纳入同一个框架中，可以在日常工作和业务指标的情境下学习这种基于需要的方式。

一旦组织或团队确定和满足组织的六个需要（至少在最初时），与组织里的每个人沟通这些需要（至少让每个业务部门了解和他们有关的需要），建立非暴力沟通和整合式清晰架构的培训标准，最终让尽可能多的员工去使用它们。到那时，在和谐的关系、生产效能和利润方面的变化会更加的明显。此外，组织会吸引认同自己的身份、服务生命的目标和方向的员工及客户。

客户导向

我提醒客户和同事们，本书的理念并不新颖，这些理念已经存在几十年了。但是，书中所指的组织类型与大卫·雷和查尔斯·格利尔在其研究文献《同理心组织》中所定义的组织类型是不同的。雷和格利尔研究过容器连锁店、苹果电脑、哈雷机车和玫琳凯后得出以下结论："虽然每家组织和企业都在寻求与客户紧密合作，但同理心组织试图通过利用

---

[1] Fisher, *Leading Self-Directed Work Teams: A Guide to Developing New Team Leadership Skills*, p. 148.

> 研究人员正在尝试用新的方式把同理心教授给传统医疗保健和医药行业的专业人士。

从每个客户身上学到的知识来构建竞争优势，从而构造出全新的产品和解决方案，最终为行业制定关键的绩效标准……从公司的角度看，客户是公司获取知识和洞见的丰富源头，帮助容器连锁店发展新的储存理念。容器连锁店经营的前提是经理和员工都认识到，客户不单单对购买产品感兴趣。相反，客户寻求的是知识、想法，以及有人理解他们并帮助满足他们的需要，创造和形成他们自己的个性化购物体验和情感依恋……结果就是，当客户离开容器连锁店时，他们会感觉好像是自己创造了那些容器一样。"[1]

其他领域和行业也开始对同理心的价值产生了兴趣。传统的医疗保健和医药行业已经开始研究同理心，想把其纳入不断发展的临床培训模式的一部分。约安娜·夏皮罗研究的"医师如何在基层医疗环境中教给别人同理心"就是诸多相关研究课题中的一个。[2]

满足客户的需要是关键。有些组织可能会过于注重内部成员之间的同理连接，以致遗忘或疏忽了与客户的同理连接。我发现这类组织着重于身份价值的自身整合，而不怎么关注客户。我相信，如果一个组织的存在是为了满足它所服务的客户的需要，那么就要首先关注客户的需要是什么。组织员工或团队成员体验到的自身整合和价值，是组织服务生命的目标和方向满足了客户需要后的副产品。

再说一遍，至今为止没有一项研究提出教授同理心的方法，而非暴力沟通提供了一种学习同理心的合理培训架构。

---

1 Lei and Greer, "The Empathetic Organization," *Organizational Dynamics*, Vol. 32, No. 2, Elsevier Science, Inc., 2003, pp. 142–43.
2 Shapiro, "How Do Physicians Teach Empathy in the Primary Care Setting?" *Academic Medicine*, Vol. 77, No. 4, April, 2002.

> 即使在权力等级的体系中,同理心和业绩表现也成正比:人们的同理能力越高,领导水平和管理者的绩效就越高。

支持性的工作环境

成功的公司能够把基于需要的意识和同理心连接结合起来。全球的新兴市场,例如巴西,在采用一些不同寻常的方式打造成功的职场环境。以制造公司西姆科(Semco)为例,这家公司没有标准的自上而下的管理制度,没有办公室或工作时间,也没有工资制度。员工被授权对此自行设置,以满足自己、客户和公司的需要。[1]

那么,如果出现"某个组织或社会中的成员期待并认同权力应该分级,并集中在组织或政府高层"[2]的情况该怎么办呢?研究过"职场同理心"[3]的创意领导力中心指出,在中国、香港、波兰、新加坡、马来西亚和台湾等高度家长式的组织文化中工作的管理者发现,同理心技能在创造充满支持和保护的工作环境中发挥着关键作用。[4] 即使在权力等级的体系中,同理心和业绩表现也成正比:人们的同理能力越高,领导水平和管理者的绩效就越高。

社会部门及其他部门

当组织及其内部员工提升对需要水平的觉察和同理连接的意识,优

---

1 Semler, *Maverick: The Success Story Behind the World's Most Unusual Workplace*, pp. 2–3.
2 House, Hanges, Javidan, Dorfman, and Gupta, *Culture, Leadership and Organizations: The GLOBE Study of 62 Societies*, p. 12.
3 Gentry, Weber, and Sadri, "Empathy in the Workplace" white paper, Center for Creative Leadership, New York, 2007, pp. 5–6.
4 Gentry, Weber, and Sadri, "Empathy in the Workplace" white paper, p. 11.

秀的商业运作方式也可以被应用在社会型组织中，例如学校、大学、社会事业等，不用担心因为追求利润而腐蚀或扭曲了他们的社会使命。当公司和员工带着对个人需要和组织需要的觉察运营公司时，员工、公司、客户、所在社群以及更大的环境都可以从中受益。

无论是在营利性组织还是非营利性组织，人们在工作中学习同理心技能，可以鼓励这些技能被转而应用到家庭生活中。这也是为什么我们很多人教授和分享非暴力沟通和整合式清晰架构，希望大量实践者能够转换为有利于对需要的觉察和同理连接的职场范式。

成功、快乐的人

我曾经面试、会见、指导和帮助过成千上万的员工和经理人，发现成功、快乐的人具有一项很明显的特质：他们思考问题的方式不包含责怪别人。他们高度看重个人责任、鼓励、同理心和慈悲。

从他们的身上能够看出，如果想要成功和快乐，我们可以选择使用本书定义的同理心，超越"正确"的概念，因为这会意味着别人"错了"。事实证明，杰尔拉德·扬波尔斯基所说的"你可以努力证明自己是对的，也可以选择快乐"非常有道理。

如果我们怀疑本书讨论的基于本书原则的商业哲学是否可以同时实现公司的成功和个人的幸福，可以阅读《微笑工作论》一书。丹尼斯·巴克在这本书中描述了他担任 AES 公司首席执行官时的经历。AES 是一家能源公司，2002 年时资产总值达 86 亿美元，拥有员工 4 万人。巴克提倡的不寻常的职场文化让公司获得了出色的财务业绩。然而，他说:"赢,尤其是财务方面,充其量是我们的二级目标。我们追求的是按照永恒、真实且卓越的价值观和原则进行工作。"巴克提倡"组织绩效和成功的定义要更广泛,包括要优先考虑让工作场所成为让普通上班族快乐的地方,这样的地方给所有员工提供了一个机会,让他们做出重要决定,采取重大行动,让他们能够充分发挥自己的天赋和技能。"[1]

在本书的结尾,我想强调:如果我们每个人都努力将同理连接作为一项专业技能,那么更大的成功、高效能、盈利能力、丰富的同理心、慈悲和意义都有可能实现。我们可以在学习和成长的过程中,在更高的层面上培养这项技能;即使我们失败了,我们也可以凭借个人毅力、谦虚和勇气再行尝试。使用本书提出的方式,我们梦寐以求的工作场合不仅有可能出现,还有非常大的可能出现。让我们庆祝所有的胜利,无论大小,这些都标志着我们正稳健且不可避免地迈进深刻同理连接的广阔世界——在那里,我们与自己连接,也与他人连接。

*****

请查阅本书的附录部分,会帮助你和所在的组织实现这种转换。我很感激你对此有兴趣。我相信,如果你有意走在这条道路上,必将从自己的经历中获得价值和意义。

---

[1] Bakke, *Joy at Work: A Revolutionary Approach to Fun on the Job*, p. 18.

附录1　职场感受列表

难过	疲劳	平静	高兴	担心
惭愧	疲乏	敬畏	欣喜	惊慌
忧郁	无望	喜乐	渴望	焦虑
伤心	冷漠	舒适	兴奋	担忧
失望	困乏	自信	开心	扰心
泄气	精疲力竭	满足	激励	提防
软弱	心烦意乱	充实	乐观	紧张
无助	筋疲力尽	关爱	自豪	不安
受伤	无精打采	平和	释然	害怕
孤独	焦头烂额	放松	满足	震惊
悲惨	昏昏沉沉	安宁	激动	疑惑
麻木	晕晕乎乎	安详	有希望	慌张
脆弱	烦躁不安	全神贯注		恐惧
				警惕

续表

友好	生气	困惑	兴奋
赏识	愤怒	谨慎	新奇
亲切	心烦	疑惑	惊奇
温情	心酸	犹豫	好奇
感激	厌恶	迷惑	投入
开放	激愤	怀疑	陶醉
敏感	沮丧	不舒服	自由
合群	暴怒	不自在	着迷
温柔	妒忌	不确定	受鼓舞
信任	悲观	不情愿	感兴趣
温暖	愤恨	坐立不安	生气勃勃
热情	不耐烦	不知所措	热情高涨
乐于接受	怒气冲冲	举棋不定	精力充沛
			激情四射

附录2 职场需要列表

资源 *身体需要*	负责任 *言行一致*	自我表达 *创造力*
空气/食物/水	真诚	创造、激发
舒适、放松	贡献	成长、进步
保障	效能、进步	学习、精通
设备、工具	反馈、跟踪	意义
健康	诚实	玩耍、乐趣、欢笑
运动、锻炼	谦虚、自省	指导
隐私	品行	
休息/放松	守时	
安全、防护	品质	
补给	自我价值	
时间、效率	诚挚	
带着尊重的身体接触		

自我整合
自然能量

美
平等、相互性
和谐、和平
灵感
秩序
目的、意义
尊重

续表

沟通 *思想需要*	**整合** *相互依存*	**转化的标志** *庆祝开始*
觉察	接纳	仪式 / 典礼
清晰、方向	感激	愉悦感
数据、研究	清晰	享受其中
做决定	亲近	兴奋感
敏锐度	社群	疗愈
教育、培训	慈悲	幽默
信息	连接	热情
反思	体谅	
激发、挑战	合作	
	情感安全	
权力 *赋能*	同理心	
	和谐	**接受结果**
自主权	包容	接纳收获和教训
选择	亲密	承认局限
共同制定策略	爱	承认遗憾
合作	安心	哀悼未实现的梦想
纪律	尊重	哀悼失去的关系
自由（情绪、精神和身体）	支持	
个人特色	信任	
独处	理解	
	确认	
	温暖	

附录3 整合式清晰架构四步骤

基于需要提升职场效能的方式

个人领域 非暴力沟通（NVC）	组织的整个系统 整合式清晰架构（IC）
1. 做出观察 · 我看到或听到了什么？ · 客观、具体的事实	**1. 识别数据** · 观察到的可以被分析、比较、测量的数据：指标、数据表
2. 确认感受 · 感受与非感受的判断、对观察结果和商业数据的评估	
3. 连接感受和人类需要 所有人类的共通需要，例如尊重、学习、目标和自主权等。	**3. 将数据和组织需要相连接** **根源需要**　　　　　**杠杆需要** · 身份　　　　　　· 组织架构 · 服务生命的目标　　· 能量 · 方向　　　　　　· 表达
4. 提出请求以满足我们的需要 请求的例子： 你愿意…… · 告诉我刚才你听到我说了什么吗？ · 在5点前完成这份报告并放到我桌子上吗？	**4. 发展战略意图** 在组织中，请求是指策略。整个组织的战略规划及实施旨在满足系统中的人们感知和监测到的组织需要。

附录4　整合式清晰架构中六种组织的共通需要

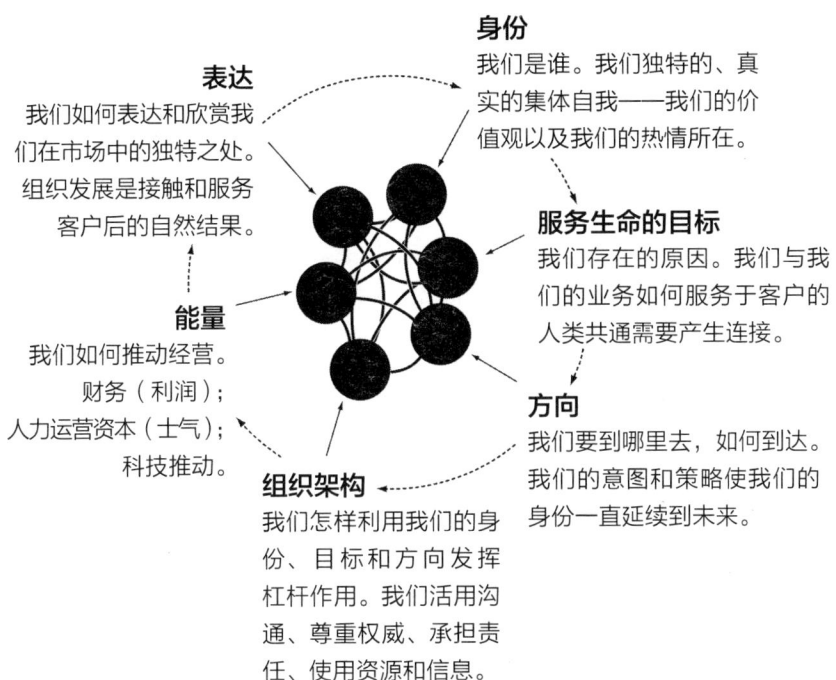

表达
我们如何表达和欣赏我们在市场中的独特之处。组织发展是接触和服务客户后的自然结果。

身份
我们是谁。我们独特的、真实的集体自我——我们的价值观以及我们的热情所在。

能量
我们如何推动经营。财务（利润）；人力运营资本（士气）；科技推动。

服务生命的目标
我们存在的原因。我们与我们的业务如何服务于客户的人类共通需要产生连接。

组织架构
我们怎样利用我们的身份、目标和方向发挥杠杆作用。我们活用沟通、尊重权威、承担责任、使用资源和信息。

方向
我们要到哪里去，如何到达。我们的意图和策略使我们的身份一直延续到未来。

附录5　10分钟清晰组织需要评估表

易路斯特公司的"10分钟清晰组织需要评估表"是一个线上测评工具，从16个关键方面评估团队、业务部门或整个组织的效能。此评估表会创建一个价值基准，决定有哪些个人需要和组织需要要得到满足。同时，根据评估结果，可为培训、战略规划和管理决策等提出建议。

对八项关键的团队、业务部门或组织需要的评估方面的理解：
- 身份——我们共同的身份是什么
- 服务生命的目标——我们为什么存在
- 方向——我们要往何处去
- 组织架构——我们的权责平衡
- 能量——我们的资源、人力和技术的力量
- 表达——我们如何在市场上展现自我
- 沟通——我们沟通的有效性
- 变革管理——我们如何应对变化

对八项个人需要的评估方面的理解：
- 尊重
- 信任
- 赏识
- 学习

- 士气
- 个人效能
- 谦虚
- 工作中的个人意义

本评估表以组织领域的重要研究为基础,并将其与非暴力沟通和整合式清晰架构的基于需要的意识相结合。最终,个人需要和组织需要能够无缝融合,有意识地支持组织成长、利润和可持续性发展。

****

以下是易路斯特公司的"10分钟清晰组织需要评估表"中的问题范例。请问问自己:你的团队或组织如何给以下各项打分。如果你想要了解完整的评估信息,请发邮件至:survey@empathyfactoratwork.com。

请给以下各项从1~7中选择适合的数字评分。

1= 非常不赞同　　　　　5= 赞同

2= 很不赞同　　　　　　6= 很赞同

3= 不赞同　　　　　　　7= 非常赞同

4= 中立;既不赞同,也不反对

- 人们知道组织的立场——核心价值观、文化、使命等。
- 每个岗位的人员都具有最高水平的技能和潜力。
- 了解新客户和潜在客户的需要、期望和体验是日常工作的重要组成部分。

·人们知道组织三年后的愿景目标。

·当组织开始发生变革时,组织会给予员工不断的支持来应对变化。

·员工可以自行做出决定,有安排自己工作的自主权,无须上级批准。

·大家知道组织的盈利方式以及自己在其中担任的角色。

·持续收到反馈和评估满意度,大家可以看到、听到自己的工作是如何影响客户和同事的。

·组织给员工提供资料和培训,让他们知道如何传达组织独特的优势和品质。

·组织内部沟通顺畅。

·能经常听到与客户或顾客打交道的成功案例。

·人们能够获得做好工作的必备信息。

·人们在获得成功果实时,与他人分享荣誉。

·人们对组织中自己的角色感到兴奋且充满激情。

·人们寻求反馈、给予反馈并努力提升自己。

·人们看到自己工作的更高目标,那是比提供服务、赚钱维持生活、甚至成为本领域最优秀的人更重要的东西。

·在做出决策时,人们会考虑该决策会如何影响客户或组织中的其他人。

·人们彼此相信大家都会切实履行工作承诺。

·人们能够获得所有完成工作所需的资源和设备。

·人们时常表达对别人的感激和认可。

·人们愿意学习个人成长技能（沟通、团队合作等）和专业技能等，以提升自己的组织绩效。

欲了解易路斯特公司的"10分钟清晰组织需要评估表"的更多信息，请联系：

survey@empathyfactoratwork.com

www.empathyfactoratwork.com

致　谢

首先感谢我的客户有好奇心和勇气，接受我认为对沟通、领导力和工作都非常有效的方法。在一起前行的路上，感谢他们的陪伴，也感谢他们经常向我表达谢意，告诉我这些方法对他们的工作和个人生活都有所帮助。

我很感激能有机会向马歇尔·卢森堡博士学习，不仅成为他的学生，还和他一起合写了《变革手册》中的一章。在那一章中，我们提纲挈领地介绍了如何在职场中使用非暴力沟通以及它在组织中的应用——整合式清晰架构。马歇尔的教诲至今仍是我工作和生活的灵感来源，也一直鼓舞着我实现人生抱负，尽可能做一个富有同情心的人。这本书由他的出版公司普多登思出版社（Puddle Dance Press）出版，我也因此有机会表达我在工作中发现的意义以及我的愿望——让非暴力沟通和整合式清晰架构给世界各地的组织带去福音。

永远感激出版社的代表尼尔·吉普森，他和我的出版方一起支持了本书的出版计划。在这个多年的项目过程中，尼尔的信念多次鼓励了我，让我有动力坚持写下去。谢谢出版人梅吉·斯图尔特提供资源，本书方得以顺利问世。这不仅是另一本介绍非暴力沟通同理连接的书籍，也是非暴力沟通系列第一本主要面向企业界人士的作品。

感谢杰瑞·科隆纳给我的鼓励并为本书作序，感谢他相信本书会在新经济中发挥作用。希望在他的支持下，各位企业和组织的管理者、员工及股东能从本书中找到价值。

第一批国际非暴力沟通中心认证讲师之一希尔薇亚·哈茨威兹得知我对非暴力沟通有兴趣后，就一直支持我学习和应用它。作为朋友和同事，她身体力行，把非暴力沟通当作一项终生的修炼。我向她学习非暴力沟通、友谊、慈悲、爱和健康的饮食。一直以来，希尔薇亚在组织和企业领域的经验让我们更加确信，把组织需要作为桥梁，满足职场和市场中尽可能多的个人需要是非常有价值的事。希尔薇亚还审阅了书中使用的非暴力沟通语言，查看其是否与非暴力沟通的原则一致，并提出了一些实用的建议。她是我个人和我所创立的易路斯特（Elucity）公司的重要伙伴。我当初撰写本书，也是始于她向普多登思出版社提的建议。

蒂凡尼·迈耶提出提案和建议，让我写《变革手册》中的一个章节，她对让我的作品第一次出版发挥了重要的作用。在酝酿本书的几年中，在她的大力推动下，我通过俄勒冈慈悲交流网站举办了一系列工作坊。她也参与了本书的市场宣传和支持工作。

本书的出版也得益于我的编辑佩吉·亨里克森。她既快乐又严谨地整理书稿，让我感到精神振奋，又富有成效。在紧凑的日程安排中，她让我和其他相关人士参与到出版的每个细节，并以实际行动证明了她是图书编辑和手稿开发方面的大师。她受到书中内容的启发，在我们编辑各章节的过程中，她开始将书中的内容付诸实践，总是敞开心扉与我连接，体现了我们在书中所强调的合作精神。佩吉承担了编辑、研究员和项目经理的角色，她有时会观看我在线培训的视频，协助我撰写每一章的初稿。她已经懂得如何富有同情心地生活和工作，这个项目只是帮助她找到了一种新的语言和框架。和佩吉相遇让我感到很幸运。

在刚开始写作本书时，简·亨里克森给了我一些指导，还编辑了我所写的第一章。她采访了我并将采访内容整理成文稿，作为本书的参考资料。感谢她为启动这个项目所付出的时间和精力。

班克罗夫特信息公司的简·奈特提供给我们很多书籍、刊物和文章，作为关键的次级市场研究资料，为研究做出了贡献。

感谢帕尔玛·奥达诺、莎伦·博迪和出版小组的其他成员在出版此书的过程中对这个项目的奉献和专业精神。

感谢《变革手册》第二版的编辑之一佩吉·霍尔曼。她指出将非暴力沟通和整合式清晰架构结合起来，对组织变革有显著贡献。此外，她对我之前撰写的描述二者结合过程的文章也给出了宝贵的反馈和鼓励。

感谢格得利设计公司的简·格得利、珍妮佛·拉·胡·史密斯、辛蒂·克林格和其他团队成员制作本书的插图。他们是我的客户和伙伴，多年来一直在运用书中的方法。他们每个人都带给我不同的启发。格得利团队也参与了本书的市场宣传工作。我很感激他们的参与，也感激他们将所有我们能应用于工作中的方式全部应用于商业中。

非常感激我的客户们在推广以需要为基础的项目中所表现出的勇气和热忱，这些项目将同理心带入以前从未涉足过的工作领域。这些人包括阿克姆公司的劳雷尔·帕克、地平线搬家公司的总裁布鲁斯·杜森贝里、通用电话电子公司的安妮塔·塞耶、亚利桑那大学艺术学院前任院长莫里斯·赛维尼、国际艺术学院院长协会前任主席兼孟菲斯艺术学院院长罗恩·琼斯、犹他大学艺术学院院长雷蒙德·托马斯·琼斯、亚利桑那州交通部通信和社区合作署的副署长特蕾莎·威尔伯恩和应用行为健康政策中心的前任副总监布莱恩·阿瑟等。

本书最初的写作思路来自凯瑟琳·布鲁克，她建议把同理心的重要性以及非暴力沟通在培养同理心方面起到的作用作为本书的主线。弗兰克·科尔是本书的第一位读者，他协助确认了书中关键概念的表达方式。同时感谢杰姆斯·B.海因斯、佩吉·米尔福德、比尔·穆尔、保罗·韦伯、劳拉·杰西、鲍勃·杰西、乔埃利·连恩、布伦特·施奈德、克里斯蒂娜·佩林格、金得利德·喜碧企业集团等愿意做特约读者，他们针对初期的草稿及概念给予了建设性的建议和鼓励。感谢他们慷慨地付出时间，也感激他们的诚意。

感谢吉姆·柯林斯、威廉·布里奇斯、金博尔·费希尔、杰里·波拉斯、马歇尔·瑟伯、朱迪斯·奥洛夫·佛尔克等人的划时代著作，激发了我写作本书的灵感。同时，也要对其他帮助我完成此书，但未在此提及的人一并表达谢意。

我无比感激冥想老师G.C.，她教会我如何在服务生命和他人的过程中与我心底的最深处连接。心底的这口宁静之井支撑我完成了本书，实现了我的梦想。

对本书做出贡献的人

拉杰·吉尔

国际非暴力沟通中心认证培训师,认证教练、演讲者。

希尔薇亚·哈茨威兹

国际非暴力沟通中心认证培训师。

1989年成为国际非暴力沟通中心首批认证培训师之一。她是易路斯特公司的教育服务主任,为家庭进行服务,面对面或通过电话指导个人和夫妻。希尔薇亚也是《非暴力沟通·食物与身体关系篇》一书的作者,她还为成人和儿童写了指南。希尔薇亚在全美各地开设了"选择饮食"工作坊,帮助人们在饮食和身体之间建立一种健康的关系。

米基·卡什坦

国际非暴力沟通中心认证培训师、湾区非暴力沟通中心战略愿景、领导力培训师。

米基是湾区非暴力沟通中心的联合创始人。她喜欢与有兴趣在企业文化中发展更多协作的组织一起工作。

戴安·基里安

国际非暴力沟通中心认证培训师、合作式沟通中心总裁。

提供定制的合作沟通培训、领导力沟通教练、沟通审计以及领导力和团队建设培训。她的客户包括《财富》杂志评选的 500 强公司、联合国开发计划署、非营利性组织和教育组织。

艾克·拉萨特

《非暴力沟通·职场篇》作者。

艾克是澳大利亚、波兰和美国非暴力沟通冲突调解沉浸式项目的联合引导者。在开始使用非暴力沟通提供冲突调解培训之前,他在加州的高风险商业和环境案件中担任了 20 年的法律顾问。6 年来,他一直是国际非暴力沟通中心的董事会成员。

凯瑟琳·麦克斐伦

国际非暴力沟通中心认证培训师。

2003 年成为国际非暴力沟通中心认证培训师,为商业、学校、医护人员、社群组织、家庭和服刑人员进行培训。她一直是国际非暴力沟通中心国际强化学习营的培训师,是国际非暴力沟通中心评估师。

由莫林·麦卡锡和泽尔·纳尔逊

恩典状态记录中心。

恩典状态记录中心通过创建相互依赖和有弹性的商业和个人关系的

新模式，促进了全球范围内的可持续合作。

朱莉·斯蒂尔斯

　　朱莉是"好好说话"公司的主任助理。她是《向死而生：活出转化之旅》的作者。本书内容是关于意识的转变，并帮助专业人士塑造他们的出版理念。朱莉还主持了一个关于女性力量的丧失和重获的博客，她还是一名全面健康教练。

图书在版编目（CIP）数据

非暴力沟通. 组织应用篇 /（美）宫代玛莉（Marie R. Miyashiro）著；李夏译.— 北京：华夏出版社有限公司，2021.5
书名原文：The Empathy Factor
ISBN 978-7-5222-0031-6

Ⅰ.①非… Ⅱ.①宫… ②李… Ⅲ.①心理交往—通俗读物②管理心理学—通俗读物 Ⅳ.①C912.11-49 ②C93-051

中国版本图书馆 CIP 数据核字(2021)第 043292 号

Translated from the book The Empathy Factor, ISBN 13/10: 9781892005250 / 1892005255, by Marie R. Miyashiro. Copyright © Fall 2011 PuddleDancer Press, published by PuddleDancer Press. All rights reserved. Used with permission. For further information about Nonviolent Communication (TM) please visit the Center for Nonviolent Communication on the Web at: www.cnvc.org.

版权所有 翻印必究

北京市版权局著作权合同登记号：图字 01-2017-3293 号

非暴力沟通·组织应用篇

作　　者	[美] 宫代玛莉	审　　核	李　迪
译　　者	李　夏	版权统筹	曾方圆
策划编辑	朱　悦　陈志姣	责任印制	刘　洋
责任编辑	陈志姣	装帧设计	殷丽云
特约编辑	魏　杰		

出版发行	华夏出版社有限公司
经　　销	新华书店
印　　刷	三河万龙印装有限公司
装　　订	三河万龙印装有限公司
版　　次	2021 年 5 月北京第 1 版　2021 年 5 月北京第 1 次印刷
开　　本	710×1000　1/16 开
印　　张	17
字　　数	193 千字
定　　价	69.80 元

华夏出版社有限公司 地址：北京市东直门外香河园北里 4 号　邮编：100028
网址：www.hxph.com.cn　电话：(010)64663331(转)
若发现本版图书有印装质量问题，请与我社营销中心联系调换。